류성룡, 전란(戰亂)을 헤치며
당장서첩 · 당장시화첩
唐將書帖　　　　唐將詩畵帖

서애 류성룡 편
박상수 탈초 · 국역

《당장서첩(唐將書帖)》·《당장시화첩(唐將詩畵帖)》 해제

1. 《당장서첩(唐將書帖)》과 《당장시화첩(唐將詩畵帖)》은 어떤 자료인가?

《당장서첩(唐將書帖)》과 《당장시화첩(唐將詩畵帖)》은 현재 안동국학진흥원에 소장된 자료로, 처음에는 '안동류씨문서(安東柳氏文書)'라는 이름으로, 1963년 1월 21일에 보물 160호로 지정되었다가 1990년에 '류성룡종가문적(柳成龍宗家文籍)'으로 이름이 바뀌었다. '류성룡종가문적'은 임진왜란 당시 서애(西厓) 류성룡(柳成龍)이 직접 기록한 임진왜란 관련 문건과 수집한 각종 사료들로, 《진사록(辰巳錄)》 3책(보물160-1), 《난후잡록(亂後雜錄)》 2책(보물160-2), 《근폭집(芹曝集)》 2책(보물160-3), 《중흥헌근(中興獻芹)》 1책(보물160-4), 《군문등록(軍門謄錄)》 1책(보물160-5), 《정원전교(政院傳敎)》 2책(보물160-6), 《정조어제당장서화첩제문(正祖御製唐將書畵帖題文)》 2책(보물160-7), 《당장시화첩(唐將詩畵帖)》 1책, 《당장서첩(唐將書帖)》 2책, 《류성룡비망기입대통력(柳成龍備忘記入大統曆)》 6책(보물160-10), 〈호성공신녹훈교서(扈聖功臣錄勳敎書)〉 1축(보물160-11)으로 구성되었다. 본서는 그 중 《당장서첩(唐將書帖)》(보물160-9호)과 《당장시화첩(唐將詩畵帖)》(보물160-8호)을 대상으로 탈초·국역한 자료이다.

편지의 수신인인 서애 류성룡(柳成龍)은 퇴계의 문인으로, 1592년 임진왜란이 일어나자 좌의정으로서 병조판서를 겸하였고, 또한 도체찰사(都體察使)로서 군무(軍務)를 총괄하였다. 이어 영의정이 되어 왕을 호종(扈從)하여 1604년 호성공신(扈聖功臣) 2등에 책록되고 다시 풍원부원군(豐原府院君)에 봉해졌다.

2. 구성과 내용

　《당장서첩(唐將書帖)》과 《당장시화첩(唐將詩畫帖)》은 임진왜란 때 조선에 구원병으로 왔던 명나라 장수들의 간찰(簡札)과 시(詩) 등으로 구성된 첩(帖)이다. 《당장서첩(唐將書帖)》에 건(乾) 19편(결락 간찰 1편 포함)과 곤(坤)에 편지 25편과 차부(箚付) 1편, 《당장시화첩(唐將詩畫帖)》에 이여송(李如松)의 그림과 시(詩) 1수가 실려 있는데, 자세한 내용은 다음과 같다.

《당장서첩(唐將書帖)》 건(乾) 19편

차례	발신인	비고
1	소응충(邵應忠)과 동원(董元)의 편지	
2	왕필적(王必廸)의 편지	
3	왕필적(王必廸)의 편지	
4	왕필적(王必廸)의 편지	
5	아무개의 편지	
6	유정(劉綎)의 편지	
7	아무개의 편지	
8	저본 결락	내용 없음
9	오유충(吳惟忠)의 편지	
10	정덕(鄭德)의 편지	
11	아무개의 편지	
12	낙상지(駱尙志)의 편지	
13	왕필적(王必廸)의 편지	
14	아무개의 편지	
15	유정(劉綎)의 편지	
16	왕필적(王必廸)의 편지	
17	진인(陳寅)의 편지	
18	심유경(沈惟敬)의 편지	
19	낙상지(駱尙志)의 편지	

《당장서첩(唐將書帖)》 곤(坤) 26편

차례	발신인	비고
1	아무개의 편지	
2	아무개의 편지	
3	아무개의 편지	
4	왕필적(王必廸)의 편지	
5	아무개의 편지	
6	아무개의 편지	
7	아무개의 편지	
8	택생(澤生)의 편지	
9	아무개의 편지	
10	아무개의 편지	
11	아무개의 편지	
12	척금(戚金)의 편지	
13	아무개의 편지	
14	아무개의 편지	
15	오유림(吳惟林)의 편지	
16	왕필적(王必廸)의 편지	
17	척금(戚金)의 편지	
18	이화룡(李化龍)의 편지	
19	아무개의 편지	
20	척금(戚金)의 편지	
21	정덕(鄭德)의 편지	
22	낙상지(駱尙志)의 편지	
23	사융(謝隆)의 편지	
24	아무개의 편지	
25	아무개의 편지	
26	아무개의 차부(箚付)	

《당장시화첩(唐將詩畵帖)》 1수

차례		비고
1	이여송(李如松)의 그림과 시	

《당장서첩(唐將書帖)》 건(乾)에는 소응충(邵應忠)과 동원(董元)의 편지 1편, 왕필적(王必迪)의 편지 5편, 유정(劉綎)의 편지 2편, 정덕(鄭德)의 편지 1편, 오유충(吳惟忠)의 편지 1편, 낙상지(駱尙志)의 편지 2편, 진인(陳寅)의 편지 1편, 심유경(沈惟敬)의 편지 1편, 발신인이 밝혀지지 않아 기록되지 않은 아무개의 편지 4편, 원본 결락 자료 1편으로 구성되었다.

《당장서첩(唐將書帖)》 곤(坤)에는 왕필적(王必迪)의 편지 2편, 택생(澤生)의 편지 1편, 척금(戚金)의 편지 3편, 오유림(吳惟林)의 편지 1편, 이화룡(李化龍)의 편지 1편, 정덕(鄭德)의 편지 1편, 낙상지(駱尙志)의 편지 1편, 사용(謝隆)의 편지 1편, 아무개의 편지 14편과 차부(箚付) 1편으로 구성되었다.

《당장시화첩(唐將詩畵帖)》은 명나라 제독 이여송(李如松, 1549~1598)이 부채의 양면에 1수의 시와 그림을 그려 류성룡에게 선물한 것으로, 당시 이여송이 안주(安州)에 이르러 류성룡이 평양 지도를 꺼내 적의 형세와 군사들의 진입로를 설명하자 기쁜 마음에 써준 것으로 알려져 있다.

2-1. 조선의 군사력

소응충(邵應忠)과 동원(董元)이 1594년 1월 14일 보낸 편지로 당시 조선의 군사력을 걱정한 내용이다.

오랫동안 태평한 날이 지속 되자 군비가 갖추어지지 않은 상태에서 생각지도 못하게 적들이 쳐들어 왔기 때문입니다. 만약 지모와 용력이 뛰어난 중국의 장수 몇 사람을 머물게 하여 화기(火器)를 다루는 법을 전수 받고 진법(陣法)을 연습하며 그들에게 용기를 고취시키고 나가고 멈추는 법을 가르치며 훈련과 농사를 수년 동안 병행한다면 부국강병을 이룰 수 있을 것인데, 어찌 원수를 갚지 못할 것을 근심하겠습니까?[第承平日久 武備未修 賊出不意故也 若能保留 謀 勇天將數人 傳授火器 演習陣法 鼓其勇氣 敎其進止 且兵且農 數年間 足成富國彊兵矣 何患仇之不雪乎] - 소응충(邵應忠)과 동원(董元)의 편지 -

2-2. 부족한 보급품

전쟁에는 가장 중요한 것 중에 하나가 군량미인데 전쟁을 준비하지 않은 조선으로서는 매우 난감한 상황이었다.

지난번 보내신 포(布)는 낙야(駱爺)의 병사 400여 명에게 한 명당 각각 2필씩 나누어 주었고, 본영의 3,000명의 관병(官兵) 중에 사망한 자를 제외하고 현재 남아 있는 2,300여 명 중 많은 수의 병사들에게 포 1필도 나누어 주지 못하였습니다.[昨承惠布 駱爺兵四百餘人 每名得分布二疋 本營三千官兵 除各死亡外 見在二千三百餘人 五六名不得分布一疋] - 왕필적(王必廸)의 편지 -

다만 왜적들이 과연 달아나 돌아간다면 철군의 비용을 아껴 진실로 성곽을 쌓고 군량을 모으는 것을 도모하고 원대한 계책을 정할 수 있습니다. 혹 부산의 왜구가 오랫동안 주둔하고 국경의 군사는 날로 지쳐간다면 이미 군량에도 괴로운데 또 백성들이 곤궁함에 고통을 받고 있으니 나랏일의 편안함은 오히려 언제나 있게 될지도 모릅니다.[第倭奴果爾遁還 則撤兵省費 固可圖完聚而定遠猷 或釜山之寇久屯 境上之師日老 則旣煩兵餉 又若民窮 國事之寧 尙不知在何日也] - 유정(劉綎)의 편지 -

2-3. 방어물 구축

전쟁에는 지형지물을 어떻게 이용하느냐가 매우 중요하며, 그에 따라 방어물 구축 역시 소홀히 할 수 없다.

마땅히 중요한 견해를 분석하여 어느 곳이 가장 좋은 요충지인지 살펴 방어물을 설치하면 대적(大敵)을 막을 수 있는지, 어느 곳이 다음 가는 요충지인지 살피고 방어물을 설치하면 중적(中敵)을 막을 수 있는지, 어느 곳이 약간의 요충지인지 살피고 방어물을 설치하면 소적(小敵)을 막을 수 있는지, 어느 곳에 강하(江河)가 있어 적선이 지나갈 수 있는지의 여부와 양쪽 언덕에서 그들을 제압하여 막을 수 있는지를 살피십시오. 또 왕래하며 제어할 수 있는지, 어느 곳에는 산이 많고 어느 곳은 어느 곳으로 이르는지, 길의 많고 적은 정도와 사면의 최고 요충지와 요로를 총괄하여야 합니다.[宜當分析 要見 某處極衝 設險可禦大敵 某處次衝 設險可禦中敵 某處稍衝 設險可禦小敵 某處有江河 賊船可否通往 兩岸可以制禦否 某處多山 某處至某處 路程多少及總括四面極衝要路] - 오유충(吳惟忠)의 편지 -

그 외에도 명나라 군대가 전투를 수행하면서 전개되는 여러 가지 상황들을 언급하고 있으며 조선에 대한 질책, 군졸에 대한 엄격한 관리, 지형에 대한 자세한 자료 요청, 여러 가지 전황 보고 등의 내용이 실려 있다.

3. 자료적 가치

《당장서첩(唐將書帖)》은 임진왜란에 직접 참여한 명나라 장수의 직접적이면서 구원병의 입장에서 조선의 전쟁을 보고 있다는 것이 새롭다. 당시 조선의 역사적 기록이 매우 상세하고 다양하지만 우리가 보는 우리의 상황과 타인이 보는 우리의 상황을 상호대조하여 점검할 수 있는 중요한 자료이며 이러한 중요성이 보물로 지정된 원인일 것으로 추정한다.

 그 외 편지는 모두 친필자료로 서예사 면에서도 매우 중요할 뿐 아니라 조선 문인들이 편지 쓰는 방식과 매우 다른 점들을 확인할 수 있다. 일반적으로 조선의 문인들은 상대에게 예의를 표하기 위해 편지의 상당부분을 투식으로 표현하지만 중국 장수들 이러한 부분이 거의 없다는 점이 매우 상이하다. 이는 명나라에서만이 아닌 중국 문인들의 전반적인 경향임을 《당장서첩》에서도 확인할 수 있다.

구일헌九一軒에서 쓰다.

일러두기

1) 본서는 종로도서관에 소장된 《당장서첩(唐將書帖)》과 《당장시화첩(唐將詩畵帖)》 1-4책(1924년 발행/청구기호 고911.009-ㅇ578ㄷ-2, 고911.009-ㅇ578ㄷ-3, 고911.009-ㅇ578ㄷ-4)을 저본으로 하였다.
2) 원문에서 누락된 글자는 ▨로 표시하였다.
3) 마멸된 글자가 몇 글자인지 명확하지 않을 경우 ▨……▨로 표시하였다.
4) 저본에는 마멸되어 확인이 불가능한 글자이지만 추정되는 글자는 '[ ]'로 표시하여 추가하였다.
5) 저본의 오자는 '( )'로 표기하고 바로잡은 글자는 '[ ]'로 표기하였다.
6) 편지 등 각 편의 원본을 먼저 둔 다음에 탈초·국역을 실었다. 원본 각 면의 세로읽기는 독자 시점으로 책 각 면(쪽)의 오른쪽에서 왼쪽으로 읽는다.

차 례

《당장서첩(唐將書帖)》·《당장시화첩(唐將詩畫帖)》 해제 ···· iii
일러두기 ·· x

《당장서첩(唐將書帖)》 건(乾) ································ 1
  1. 소응충(邵應忠)과 동원(董元)의 편지 ················ 4
  2. 왕필적(王必廸)의 편지 ······························ 11
  3. 왕필적(王必廸)의 편지 ······························ 20
  4. 왕필적(王必廸)의 편지 ······························ 29
  5. 아무개의 편지 ·· 33
  6. 유정(劉綎)의 편지 ····································· 38
  7. 아무개의 편지 ·· 43
  8. 저본 결락 ·· 48
  9. 오유충(吳惟忠)의 편지 ······························ 49
 10. 정덕(鄭德)의 편지 ····································· 55
 11. 아무개의 편지 ·· 60
 12. 낙상지(駱尙志)의 편지 ······························ 63
 13. 왕필적(王必迪)의 편지 ······························ 68
 14. 아무개의 편지 ·· 71
 15. 유정(劉綎)의 편지 ····································· 73
 16. 왕필적(王必廸)의 편지 ······························ 75
 17. 진인(陳寅)의 편지 ····································· 78
 18. 심유경(沈惟敬)의 편지 ······························ 80
 19. 낙상지(駱尙志)의 편지 ······························ 83

《당장서첩(唐將書帖)》 곤(坤) ·········· 87
   1. 아무개의 편지 ·········· 90
   2. 아무개의 편지 ·········· 94
   3. 아무개의 편지 ·········· 98
   4. 왕필적(王必廸)의 편지 ·········· 104
   5. 아무개의 편지 ·········· 107
   6. 아무개의 편지 ·········· 118
   7. 아무개의 편지 ·········· 126
   8. 택생(澤生)의 편지 ·········· 134
   9. 아무개의 편지 ·········· 138
  10. 아무개의 편지 ·········· 142
  11. 아무개의 편지 ·········· 147
  12. 척금(戚金)의 편지 ·········· 151
  13. 아무개의 편지 ·········· 158
  14. 아무개의 편지 ·········· 164
  15. 오유림(吳惟林)의 편지 ·········· 170
  16. 왕필적(王必廸)의 편지 ·········· 173
  17. 척금(戚金)의 편지 ·········· 177
  18. 이화룡(李化龍)의 편지 ·········· 180
  19. 아무개의 편지 ·········· 183
  20. 척금(戚金)의 편지 ·········· 186
  21. 정덕(鄭德)의 편지 ·········· 188
  22. 낙상지(駱尙志)의 편지 ·········· 192
  23. 사용(謝隆)의 편지 ·········· 196
  24. 아무개의 편지 ·········· 200
  25. 아무개의 편지 ·········· 204
  26. 아무개의 차부(箚付) ·········· 208

《당장시화첩(唐將詩畫帖)》 ································· 213
　이여송(李如松)의 그림과 시 ···································· 215

서애 류성룡 연보
서애 류성룡 편지

당장서첩(唐將書帖) 건(乾)

1. 소응충(邵應忠)과 동원(董元)의 편지

啓

殿下

兵部標下 練兵千總邵應忠
兵部原委平倭官糧委官董元 稽首上言

忠本鄙陋武夫不諳文事至於忠
君報國之心未嘗不拳拳在念昨者西虜跳梁東倭竊發凡有血氣莫不扼臂流涕緣我
王邦國仁義存心聖賢對面以致風霆驟起掩日無光雖然效桑榆之功者又在我
王上之進取也且忠謬蒙
兵部表主政帶赴軍前滿擬啖賊血肉以酬此志詎期袁公尋遭塵謗掛冠西歸然袁
公之慕赤松久矣寄跡烟霞浪遊蓬島幾嘗以去留爲榮辱其如天下蒼生何袁
公問學淵源江南名士從征塞上將士蒙恩祗緣性稟耿介致忤權家丘破平壤
復取咸鏡退王京簽從指示皆其方畧站設官禁肓濫麗人口碑嘖嘖盈耳今日輕

撞舘夫分外需索世有表公民無此吾我
王霄衣肝食進賢遠奸何忍表公拂袖而緘默乎況忠寓者
王邦經年頗知
貴邦人物顛沛流離之中各懷戒賊之志弟承平日父武備未修賊出不意故也若能保當謀勇天將數人傳授火器演習陣法鼓其勇氣教其進止且兵農數年間足成富國強
兵矣何患仇之不雪乎忠叨食我
王水土凡有見聞復敢隱諱于奪進取又在我
王獨斷而已為此端肅具啓下情無任激切之至
萬曆貳拾貳年正月　　拾肆　　日

【탈초】

啓

兵部標下 練兵千總 邵應忠

兵部原委 平壤官糧委官 董元

稽首上言

殿下

忠本鄙陋武夫 不諳文事 至於忠

君報國之心 未嘗不拳拳在念 昨者 西虜跳梁 東倭竊發 凡有血氣 莫不拊膺流襟 緣我

王邦國 仁義存心 聖賢對面 以致風霾驟起 掩日無光 雖然收桑榆之功者 又在我

王上之進取也 且忠謬蒙

兵部袁主 政帶赴軍前 滿擬啖賊血肉 以酬此志 詎期袁公 尋遭塵謗 掛冠西歸 然袁

公之慕赤松久矣 寄跡烟霞 浪遊蓬島 幾嘗以去留爲榮辱 其如天下蒼生何 袁

公問學淵源 江南名士 從征塞上 將士蒙恩 祇緣性禀耿介 致忤權家 且破平壤

復取咸鏡 退王京 發從指示 皆其方略 站設官禁冒濫 麗人口碑 嘖嘖盈耳 今日鞭

撻館夫 分外需索 世有袁公 民無此苦 我

王宵衣旰食 進賢遠奸 何忍袁公拂袖而緘黙乎 况忠寓居

王邦經年 頗知

貴邦人物 顚沛流離之中 各懷滅賊之志 第承平日久 武備未修 賊出不意故也 若能保留謀

勇天將數人 傳授火器 演習陣法 鼓其勇氣 教其進止 且兵且農 數年間

足成富國彊
兵矣 何患仇之不雪乎 忠叨食我
王水土 凡有見聞 復敢隱諱 予奪進取 又在我
王獨斷而已 爲此端肅 具啓下情 無任激切之至
萬曆 貳拾貳年 正月 拾肆 日

【국역】

아룁니다.

병부표하(兵部標下) 연병천총(練兵千總) 소응충(邵應忠)[1]과 병부원위(兵部原委) 평양관량위관(平壤官糧委官) 동원(董元)[2]은 머리를 조아리고 전하(殿下)께 말씀 올립니다.

저[忠]는 본래 비루한 무인으로 문사(文事)에는 익숙지 않지만 임금께 충성하고 나라에 보답하려는 마음만은 가슴에 새겨[3] 받들지 않은 적이 없었습니다. 지난번 서쪽 오랑캐가 제멋대로 날뛰고 동쪽 왜(倭)가 몰래 전쟁을 일으키니 무릇 기개가 있는 사람이라면 가슴을 치고 애통해하며 눈물이 옷깃을 적시지 않은 적이 없었습니다. 우리 왕의 나라는 인의(仁義)를 마음에 두고 성현을 마주하였는데, 바람이 불고 흙비가 갑자기 내려 해를 가려 빛이 사라졌습니다.

---

1) 소응충(邵應忠, ?~?) : 임진왜란에 참여한 명나라 장수로, 《서애집(西厓集)》〈답소참군응충서(答邵參軍應忠書)〉에 류성룡이 그에게 보낸 편지가 실려 있다.
2) 동원(董元, ?~?) : 임진왜란에 참여한 명나라 장수로, 어떤 사람인지 자세하지 않다.
3) 가슴에 새겨 : 원문은 '拳拳'. '권권복응(拳拳服膺)'의 줄임말로, 성실히 가슴에 새겨 받들어 따름을 이른다. '권복(拳服)'이라고도 한다. 《중용(中庸)》에, "안회(顔回)의 사람됨으로 말하면, 중용의 길을 택하여 행하면서, 어떤 한 가지 선을 얻으면 권권복응하며 잃어버리는 일이 없었다.[回之爲人也 擇乎中庸 得一善 則拳拳服膺而弗失之矣]"라는 구절에 대한 정현(鄭玄) 주(注)에 "권권(拳拳)은 '간직하는 모양이다.[拳拳 奉持之貌]"라고 하였다.

설령 그렇다고 하더라도 노년의 공을 거두는 것은 또 우리 왕의 진취력에 달려 있습니다.

또 저[忠]는 병부주사(兵部主事) 원황(袁黃)4)의 은혜를 잘못 입고 띠를 바르게 갖추고 군대의 앞으로 달려가 진심으로5) 적의 피와 살을 먹고서 이 뜻에 보답하려고 했었는데, 어찌하여 원공(袁公)이 얼마 전 세상 사람들의 비방을 당하여 벼슬을 그만두고6) 서쪽으로 돌아가기로 기약하였겠습니까? 그렇지만 원공은 오래전부터 적송자(赤松子)7)를 사모하여 연하(煙霞)8)에 몸을 의탁하고 봉래도(蓬萊島)9)를 유랑하며 거의 떠나고 머무는 것으로 영광과 치욕으로 여기는데, 천하 백성들은 어떠하겠습니까?

---

4) 원황(袁黃, 1533~1606) : 명나라 문신으로, 임진왜란(壬辰倭亂) 때 송응창(宋應昌)을 보좌하여 참전하였고, 천문(天文)과 술수(術數), 의학(醫學)과 수리(水利)에 능통하였다. 저서로 《역법신서(曆法新書)》 등이 있다.
5) 진심으로 : 원문은 '滿擬'. '진심으로 …… 하기로 작정하다', '꼭 …… 할 생각이 다'라는 의미로, '만타(滿打)'라고도 한다.
6) 벼슬을 그만두고 : 원문은 '掛冠'. '괘관동문(掛冠東門)'의 줄임말로, '벼슬을 사직하고 은거하다는 뜻이다. 동한(東漢)의 봉맹(逢萌)이 왕망(王莽)의 정사에 환멸을 느낀 나머지 관을 벗어서 동쪽 도성문에 걸어 놓고는 곧바로 시골로 돌아갔다는 고사가 있다.
7) 적송자(赤松子) : 상고시대의 전설적인 신선이다. 《사기(史記)》 〈유후세가(留侯世家)〉에 "인간 세상의 일을 버리고 적송자를 따라 노닐고 싶다[願棄人間事 欲從赤松子游耳]"라는 구절에 대한, 〈사마정색은(司馬貞索隱)〉에, "《신선전》에 '신농 때의 우사(雨師)이다. 불에 들어가 스스로 타기도 하고 곤륜산위에서 바람과 비를 따라 오르내렸다.[列仙傳 神農時雨師也 能入火自燒 崑崙山上 隨風雨上下也]"라고 하였다.
8) 연하(煙霞) : 속세를 떠나 깊은 산수에서 살아가는 것을 좋아한다는 말로, '연하고질(煙霞痼疾)'의 고사에서 유래하였다. 《신당서(新唐書)》 〈은일열전(隱逸列傳) 전유암(田遊巖)〉에 당나라 전유암(田遊巖)이 벼슬을 그만둔 뒤에 온 가족을 데리고 태백산(太白山)에 들어가 20여 년 동안 은거하다가 뒤에 기산(箕山)으로 들어가자, 고종(高宗)이 그를 불러 산속 생활이 어떤지를 물어보니 그가 대답하기를 "신은 산수를 좋아하는 병이 이미 고황에 들고 안개와 노을에 고질병이 들었는데, 성상의 시대를 만나 다행히 소요하고 있습니다.[臣泉石膏肓 煙霞痼疾 旣逢聖代 幸得逍遙]"라는 구절이 있다.
9) 봉래도(蓬萊島) : 전설상에 신선이 산다는 삼신산(三神山)의 하나이다.

원공은 학문에 연원이 있는 강남(江南)의 이름난 선비인데 변방으로 출정하면서 장사(將士)로 은덕을 입었지만 강직한 성품으로 권세가의 뜻을 거스르게 되었습니다. 장차 평양을 깨뜨리고 다시 함경도를 차지하고 서울10)에서 물러나 발종지시(發從指示)11) 한 것은 모두 그의 책략이었습니다. 사람을 채용하기 위해 벼슬자리를 만들거나 함부로 법을 어기지 못하도록 해서 사람들의 칭송이 귓전에 자자하였습니다. 오늘 관부(館夫)를 매질하면서 따로 독촉하여 요구하니 세상에 원공이 있었다면 백성들은 이런 고통을 당하지 않았을 것입니다.

우리 왕께서 정사에 전념하시고12) 어진 이를 등용하고 간사한 이를 멀리하시니, 어찌 차마 원공이 소매를 뿌리치고 입을 다물고 있겠습니까? 더구나 저는 왕의 나라에 머문 지 한 해가 넘었습니다. 자못 귀국 사람들이 곤궁하여 사방을 떠돌아다니는 도중에도 제각기 적을 없애겠다는 생각을 품고 있다는 것을 알고 있습니다. 다만 오랫동안 태평한 날이 지속 되자 군비가 갖추어지지 않은 상태에서 생각지도 못하게 적들이 쳐들어 왔기 때문입니다. 만약 지모와 용

---

10) 서울 : 왕궁이 있는 도읍을 이른다.
11) 발종지시(發從指示) : 원문의 '發從指示'는 '發蹤指示'의 오자이다. 사냥개를 풀어놓고 방향을 지시하여 짐승을 쫓는 것을 이른다. 배후에서 일을 지휘함을 이른다. 《사기(史記)》〈소상국세가(蕭相國世家)〉에 "짐승을 쫓아가서 잡는 놈은 사냥개이고, 개를 풀어 놓고 짐승이 있는 곳을 가리키는 자는 사냥꾼이다. 지금 제군은 단지 도망가는 짐승을 잡은 것일 뿐이니 그 공은 사냥개에 해당한다. 반면에 소하의 경우는 개를 풀어 놓고 목표물을 지시하였으니 그 공은 사냥꾼에 해당한다.[追殺獸兎者狗也 而發蹤指示獸處者人也 今諸君徒能得走獸耳 功狗也 至如蕭何 發蹤指示 功人也]"라는 구절이 있다.
12) 정사에 전념하시고 : 원문은 '宵衣旰食'. 날이 새기도 전에 일어나 옷을 입고, 밤이 깊어진 뒤에야 저녁밥을 먹는 것으로, 임금이 정사(政事)에 부지런함을 이르는 말이다. 《당육선공주의주초(唐陸宣公奏議奏草)》〈흥원논해강공보장(興元論解姜公輔狀)〉에 "폐하께서는 인재를 구하기 위해 감던 머리를 움켜쥔 채 달려나가고 먹던 음식도 뱉고 뛰쳐나가야 할 때며, 이른 새벽부터 늦은 밤까지 정사에 전념해야 할 시기입니다.[乃是陛下 握髮吐哺之日 宵衣旰食之辰]"라는 구절이 있다.

력이 뛰어난 중국의 장수 몇 사람을 머물게 하여 화기(火器)[13]를 다루는 법을 전수 받고 진법(陣法)을 연습하며 그들에게 용기를 고취시키고 나가고 멈추는 법을 가르치며 훈련과 농사를 수년 동안 병행한다면 부국강병을 이룰 수 있을 것인데, 어찌 원수를 갚지 못할 것을 근심하겠습니까?

저는 외람되이 우리 왕의 땅에서 먹으며 보고 들은 것이 있으니 다시 감히 숨기겠습니까. 줄지 뺏을지 진취할지는 또 왕께서 홀로 판단하고 결정하실 일입니다. 이런 까닭에 단정하고 엄숙히 제 마음을 자세히 말씀드리니 간절함을 이기지 못하겠습니다.

만력(萬曆) 22년[1594] 1월 14일.

---

13) 화기(火器) : 화약의 힘으로 탄환을 쏘는 무기를 이른다.

2. 왕필적(王必廸)의 편지

足下以英轉雄才擰持
國是倭難一日未靖賢勞一日未已丁此多艱之會
脫非忠藎之臣則乘上之祚何以維之用是
貴國以銓衡重任畀之
足下古六未遇盤根錯節即無以別利器良有以也廼今柜
庚征進百艱萃體萬鈞之擔即歇一釋而不可得昔
范蠡種蠡俱以其身任國家安危故卒能起淪沒之
國而復不世之偉別令

侍生 王必廸 再拜

足下之賢又邁越臣之上則今日雖遭困躓而翌時之椎擾諸國又未必非此變基之也國以一人而興以一人而亡

足下多材厚德植國本於千百年之固有餘然矣翰示饑困之民疲於轉翰千里饋糧士有饑色不佞披誦至此不覺戚然增悲紛紜勖勤之際又承垂念本營之吾餒以塩品并䥫紬菓於不佞嗟嗟厚德高情有加無已愧不佞胡以當我歇却恐拂高雅拜嘉又增赧顏二者橫於方寸而莫知所措豈非

足下有以致之然卽
尊志未定屢勞王事事不避難雖臣之節而爲
國愛身亦不妥拳注望於
足下也車駕西發不及一
面瞻念之私不知何日可罄談吐吾官李麒壽向隨
奔走艱勞爲狀且又忠實並不擾索舘站行誼
尤可稱錄惟
足下於其勤勞特爲薦拔顯望前衣箱物件托
寄安州今値天寒倘遇便使乞發王京敎寓又所
極感使旋草此鳴

謝臨楮不任依依外具青屯絹壹端消鍼希

叱納是荷

八月二十九日具

冲

耒

謝

惠刀扇三事致

【탈초】

侍生王必廸再拜

足下以旋轉雄才 撑持

國是 倭難一日未靖 賢勞一日未已 丁此多艱之會

脫非忠藎之臣 則垂亡之祚 何以維之 用是

貴國 以銓衡重任 畀之

足下 古云不遇盤根錯節 無以別利器 良有以也 逎今抱

疾征進 百艱萃體 萬鈞之擔 卽欲一釋 而不可得 昔

范蠡種輩 俱以其身 任國家安危 故卒能起淪沒之

國 而復不世之仇 矧今

足下之賢 又邁越臣之上 則今日雖遭困躓 而翌時之

雄據諸國 又未必非此變基之也 國以一人而興 以一人

而亡

足下多材厚德 植國本於千百年之固 有繇然矣

翰示饑困之民 疲於轉輸 千里饋糧 士有饑色 不佞

披誦至此 不覺戚然增悲 紛紜劻勷之際 又承

垂念本營之苦 餽以鹽品 竝錫紬菓於不佞 嗟嗟

厚德高情 有加無已 愧不佞胡以當哉 欲却恐拂

高雅 拜嘉又增赧顏 二者 橫於方寸 而莫知所措

豈非

足下有以致之然耶

尊恙未瘳 屢勞王事 事不避難 雖臣之節 而爲

國愛身 亦不佞拳拳注望於

足下也 車旆西發 不及一

面 瞻念之私 不知何日可罄談吐 舌官李麒壽 向隨

奔走 艱勞萬狀 且又忠實 並不擾索館站 行誼

尤可稱錄 惟

足下矜其勤勞 特爲薦拔 顒望顒望 前衣箱物件 托

寄安州 今値天寒 倘遇便使 乞發王京敝寓 又所

極感 使旋 草此鳴

謝 臨楮 不任依依 外具靑屯絹壹端侑緘 希

叱納是荷

八月 二十九日具

冲

(추신)

承

惠刀扇三事致

謝

【국역】

  시생(侍生) 왕필적(王必廸)[14]은 재배(再拜)하고 편지를 올립니다.
  족하(足下)께서 지휘하시는 뛰어난 재능으로 국책을 지탱하고 있지만 왜적의 변란으로 하루도 안정되는 날이 없고 고생[15]이 하루도 그치지 않고 있습니다. 이처럼 어려운 때 충성하지 않는 신하가 나온다면 망해가는 국운을 어떻게 유지할 수 있단 말입니까? 이 때문에 귀국(貴國)은 전형(銓衡)[16]의 중요한 임무를 족하게 드린 것입니다.

---

14) 왕필적(王必廸, ?~?) : 명나라 신종(神宗)때의 무신으로, 임진왜란(壬辰倭亂) 때 부총병(副總兵)으로 이여송(李如松)을 따라 참전하여 활약하였다. 《서애집(西厓集)》〈답왕유격필적서(答王遊擊必廸書)〉와〈답왕유격서(答王遊擊書)〉가 실려 있다.
15) 고생 : 원문은 '賢勞'. 애쓰고 고생함을 이르는 말이다. 《맹자(孟子)》〈만장 상(萬章上)〉에 "이것이 왕의 일이 아님이 없건만, 나만 홀로 어질다 하여 수고롭구나.[此莫非王事 我獨賢勞也]"라는 구절에서 유래하였다.

옛말에 "이리저리 복잡하게 감긴 뿌리가 뒤엉킨 곳을 만나지 않으면 잘 드는 연장이라는 것을 어떻게 구분하겠는가?"[17]라고 하였는데, 이는 참으로 이유가 있습니다. 지금 질병을 안고 적을 무찔러 온갖 어려움이 몸에 이르러 만균(萬鈞)[18]의 무게를 풀어버리려고 해도 그렇게 할 수 없었습니다.

옛날 범려(范蠡)[19]의 동족들이 모두 직접 국가의 안위를 맡았기 때문에 마침내 망해가는 나라를 일으키고 세상에 더없는[20] 원수를 갚았습니다. 더구나 지금 족하의 어짊은 또 월나라 신하보다 뛰어나니 지금 아무리 곤궁하여 쓰러질 지경일지라도 훗날 나라에서 웅거할 것입니다. 또 반드시 이 변고가 기반이 되지 않음이 없을 것입니다. 나라는 한 사람으로 흥하고 한 사람으로 망합니다. 족하의 많은 재주와 후덕함이 백 년 천 년 동안 견고한 바탕 위에 나라의 근본을 세워 장구함이 있을 것입니다. 보내신 편지에서 굶주리고 곤

---

16) 전형(銓衡) : 인재를 선발하는 것을 이른다.
17) 이리저리 …… 구분하겠는가 : 원본은 '不遇盤根錯節 無以別利器'. 뛰어난 재능을 지닌 훌륭한 인재는 어려운 일을 해결하는 데에 어려움이 없다는 말이다. 반착(盤錯)은 '반근착절(盤根錯節)'의 줄임말로, 어려운 일을 비유한다. 주로 외직(外職)으로 나가 맡기 어려운 고을을 잘 다스리는 것을 뜻한다. 《후한서(後漢書)》〈우후열전(虞詡列傳)〉에 "쉬운 것을 구하지 않고 어려운 일을 피하지 않는 것이 신하의 직분이니, 이리저리 감긴 뿌리가 뒤엉킨 곳을 만나지 않으면 잘 드는 연장이라는 것을 어떻게 구분하겠는가?[志不求易 事不避難 臣之職也 不遇盤根錯節 何以別利器]"라는 구절이 있다.
18) 만균(萬鈞) : 무거운 무게나 큰 힘을 이르는 말이다. '균(鈞)'은 중량의 단위로 '30근(斤)'에 해당한다.
19) 범려(范蠡, B.C.517~?) : 중국 춘추전국시대 월나라의 군인이자 정치가이며, 자는 소백(少伯)이다. 월나라 왕 구천(句踐)을 섬기고 구천을 춘추오패에 설 수 있기까지 기여한 공로가 컸다.
20) 세상에 더없는 : 원문은 '不世'. 《후한서(後漢書)》〈외효전(隗囂傳)〉에 "족하께서 이윤(伊尹)과 여상(呂尙)의 공업을 세우시려면 세상에 없는 큰 공을 넓히셔야 합니다.[足下將建伊呂之業 弘不世之功]"라는 구절에 대한, 이현(李賢)의 주(注)에 "불세(不世)는 대(代)에 언제나 있는 것이 아닌 것을 말한다.[不世者 言非代之所常有也]"라고 하였다.

궁한 백성은 군량을 옮기느라 지치고, 천 리에 군량을 옮기느라 군사들은 굶주린 얼굴빛이 있다고[21] 하였습니다.

제가 편지를 펼쳐 이 대목을 읽을 무렵 저도 모르게 가슴이 아파 더욱 슬펐습니다. 어수선하고 뒤숭숭한 이때 또 본영의 고초를 염려하여 소금을 보내시고 아울러 저에게 명주와 과일을 주시니, 아! 후덕하게 베푸시는 정의를 끝없이 더해 주셨습니다. 제가 어떻게 감당해야 할지 부끄러울 뿐입니다. 보내신 물건을 받지 않고 물리치고 싶지만 고아(高雅)하신 당신을 거스를까 두려워 은혜에 감사하니 또 더욱 부끄러워 얼굴이 붉어집니다. 두 가지가 마음속에 가로놓여 몸 둘 바를 모르겠으니, 이는 어찌 족하께서 야기하신 것이 아니겠습니까?

족하의 병이 아직 낫지 않았는데 자꾸만 나랏일에 수고하시니, 어려운 일을 피하지 않는 것이 비록 신하의 절개라지만[22] 나라를 위해 몸을 아끼는 것도 제가 간절히 족하께 바라는 것입니다. 행차가 서쪽으로 가시고 나서 한 번도 뵙지 못하였으니, 그리운 저의 마음을 언제 모두 말씀드릴 수 있을지 모르겠습니다. 역관(譯官) 이기수(李麒壽)가 줄곧 따라다니며 분주히 온갖 고생을 다하고 있습니다. 그는 또 충실하면서도 관참(館站)[23]에서 법도를 어지럽히지 않으며 행실은 더욱 기록해 둘만 합니다. 족하께서는 그의 이러한 수고를 어

---

21) 천 리에 …… 있다고 : 원문은 '千里饋糧 士有饑色'. 《사기(史記)》〈회음후열전(淮陰侯列傳)〉의 "천 리에 양식을 옮기느라 군사들에게 굶주린 기색이 있게 되고, 나무와 꼴을 베어 와서 밥을 짓느라 군사들이 제때에 배불리 먹을 수가 없는 법이다.[千里餽糧 士有飢色 樵蘇後爨 師不宿飽]"라는 말을 발췌한 것이다.
22) 어려운 …… 절개라지만 : 원문은 '事不避難 雖臣之節'. 《후한서(後漢書)》〈우후열전(虞詡列傳)〉에 "쉬운 것을 구하지 않고 어려운 일을 피하지 않는 것이 신하의 직분이니, 이리저리 감긴 뿌리가 뒤엉킨 곳을 만나지 않으면 어떻게 예리한 기구를 구별하겠는가.[志不求易 事不避難 臣之職也 不遇盤根錯節 何以別利器]"라는 구절을 전용한 것이다.
23) 관참(館站) : 역로(驛路)에 있는 국가 기관인 객관(客館)과 역참(驛站)을 이른다.

여삐 여기시어 특별히 천거하여 선발해 주실 것을 삼가 바랍니다.
 이전 옷상자와 물건은 안주목사(安州牧使)[24]에게 부탁하여 보냈습니다. 지금 추위를 만나 혹시라도 인편을 만나거든 서울의 저의 집으로 보내 주시면 매우 감사하겠습니다. 돌아가는 심부름 편에 이렇게 쓰고 감사를 드립니다. 편지를 마주하니 그리운 마음 가눌 길 없습니다. 그밖에 청둔견(靑屯絹) 1단을 갖추어 편지와 함께 보내드리니 꾸짖고 받아주시면 감사하겠습니다.
 8월 29일 씁니다. 좌충(左沖).[25]

 (추신)
 보내신 칼과 부채 등 세 가지는 잘 받았습니다. 감사합니다.

---

24) 안주목사(安州牧使) : '안주'의 소재지는 평안남도 안주군(安州郡) 안주읍(安州邑)이다.
25) 좌충(左沖) : 편지의 아래쪽을 비워두고 답변을 기다린다는 뜻이다. 고장사(顧張思)의 《사풍록(土風錄)》에 "충(沖)은 '비워 두다'는 뜻이다. 지위가 낮은 사람이 높은 사람에게 편지를 쓸 때는 반드시 아래를 비워두고 답을 청한다. 이는 바로 옛사람들이 '근공(謹空)'이라고 썼던 뜻과 같다. 관아에서 '공(空)' 자를 쓰는 것을 아름답지 않게 여겼기 때문에 '공(空)' 자를 '충(沖)' 자로 바꾸었다. 오늘날 사람들은 편지에 여백의 종이가 없어도 '충' 자를 쓰니 그 뜻을 잃은 것이다.[沖者 虛也 卑者上書所尊 必虛其左 以請批答也 卽古人書謹空之義 當由官署中嫌空字不佳 故改爲沖 今人剗無餘紙 而亦書沖 失其義矣]"라고 하였다.

3. 왕필적(王必廸)의 편지

昨差官囬魯其(?)
候想清徹矣久不獲
晤念想爲勞玆間
國王駐駕王京
足下匡輔左右九安集人民惠養黎庶賑貧恤死興滅
舉墜伊番亡之國脈煥然振援而更新此
足下其寧相事迺不侫當拭目以觀太平佇望
遇來倭奴竊聚猶然末渡屢肆侵犯搶掠沿海
貴國官軍宜乘此振發戡刀殲賊譬之一矢豈不至除

朱服生 王必廸 再拜

根不可遷已方為完築奈何倭奴一都遠近奔從甚
至有甘心降敵運員粮米馬牛且多代為嚮導者若
然則將吾父之恩置之何地朝鮮係箕子遺風不意有
此悖逆之輩更忠州一帶盜賊蜂起不拘有物與舌遇
孤旅革行即便殺害徃來官軍屢爲零心夫天兵之
來所以救援
貴國每動遣毒害此風一聞以
貴國為何如人也今我南兵駐守慶州與賊伊邇兵寡力
疲不堪屢戰況日夕哨伏無時休息毋論先後陣亡
將四百人感病物故

貴國者已二百餘人矣俱係良家子弟應募而來望
傳功名今壅蹇而死莫非皆
貴國累也昨水惠布
駱爺兵四百餘人亦多得分布二足本營三千官兵除各
死亡外見在二千三百餘人五六名不得分布一足彼此拘
於兩兵共成一營而受惠有厚薄之殊官兵多有憤悶而
不平者慶州天將
吳泊不俟止三人耳地方官供應餽送之類每之厚薄有
無不一同為
此國而分等第別厚薄恐非所以服人心也不俟扶病奔

馳惝已半載更二舍姬均病死于此異域征夫每爲傷感賤恙轉增即不侯懼不能自保時下每欲乞歸而夫馬倒死苦乏騎坐動輒艱難每有不可恝者恃足下雅敦覷綫及之小介親領所寄物件不知會發付否專此馳布綏希

焰原不盡

左地

【탈초】

碁服生王必廸再拜
昨差官回 曾具啓▨
候 想清徹矣 久不獲
晤 念想爲勞 玆聞
國王駐駕王京
足下匡輔左右 凡安集人民 惠養黎庶 賑貧恤死 興滅
擧墜 俾垂亡之國脉 煥然振拔而更新 此
足下眞宰相事也 不佞當拭目以觀太平 佇望佇望
邇來 倭奴竊聚 猶然未渡 屢肆侵犯 搶掠沿海
貴國官軍 宜乘此振發 戮力殲賊 譬之芝草 不至除
根 不可遽已 方爲完算 奈何倭奴一報 遠近奔徙 甚
至有甘心降敵 運負粮米馬牛 且多代爲嚮導者 若
然則將君父之恩 置之何地 朝鮮係箕子遺風 不意有
此悖逆之輩 更忠州一帶 盜賊蜂起 不拘有物與否 遇
孤旅單行 卽便殺害 往來官軍 屢爲寒心 夫天兵之
來 所以救援
貴國 每動遭毒害 此風一聞 以
貴國爲何如人也 今我南兵 駐守慶州 與賊伊邇 兵寡力
疲 不堪屢戰 況日夕哨伏 無時休息 毋論先後陣亡
將四百人 感病物故
貴國者 已二百餘人矣 俱係良家子弟 應募而來 望
博功名 今踵藉而死 莫非皆
貴國累也 昨承惠布
駱爺兵四百餘人 每名得分布二疋 本營三千官兵 除各
死亡外 見在二千三百餘人 五六名不得分布一疋 彼此均

係南兵 共戌一營 而受惠有厚薄之殊 官兵多有憤悶 而
不平者 慶州天將
吳駱洎不佞止三人耳 地方官 供應饋送之類 每每厚薄有
無不一 同爲
貴國 而分等第別厚薄 恐非所以服人心也 不佞扶病奔
馳 將已半載 更二舍姪 均病死于此 異域征夫 每爲傷
感 賤恙轉增 卽不佞懼不能自保 時下每欲乞歸 而大
馬倒死 苦乏騎坐 動輒艱難 每有不可懇者 恃
足下雅 敢覼縷及之 小介親領所寄物件 不知曾發
付否 專此馳布 統希
炤原 不盡
左地

【국역】

　　기복생(朞服生) 왕필적(王必廸)은 재배하고 편지를 올립니다.
　　어제 차관이 돌아가는 편에 일찍이 드린 안부는 받으셨으리라[26] 생각합니다. 오래도록 만나지 못해 간절히 그리웠는데, 이제 왕의 행차가 서울에 머무르신다는 말을 들었습니다. 족하께서 곁에서 바르게 보필하면서 무릇 백성들을 안정시키고 은혜를 베풀어 백성들을 기르고 가난하고 죽어가는 사람들을 구휼하고 멸망하는 것을 흥기시키고 망해가는 나라의 명맥을 다시 일으켜 환하게 떨쳐 새롭게 하였

---

26) 받으셨으리라 : 원문은 '淸澈'.《초사(楚辭)》〈구장(九章) 석왕일(惜往日)〉에 "임금은 화를 내며 신하를 대할 뿐 일의 진위여부를 밝게 살피지 않네.[君含怒而待臣兮 不淸澈其然否]"라는 구절에 대한, 왕일(王逸) 주(注)에 "안으로 그가 침해를 당하여 원통해 함을 살피지 않는다는 것이다. '철(澈)'은 '징(澄)'으로도 쓴다.[內弗省察其侵冤也 澈 一作澄]"라고 하였다.

습니다. 이것이 진정으로 족하께서 맡아서 하실 재상의 일입니다.

저는 눈을 닦고 태평한 세상을 볼 수 있기를 기다리며 바랄뿐입니다. 요사이 왜적들이 몰래 모여들고는 있지만 아직은 물을 건너지는 않고 자주 침범하면서 연해(沿海)를 약탈하고 있습니다. 귀국의 관군(官軍)은 마땅히 그들이 드러났을 때를 틈타 힘을 모아 적을 섬멸해야 할 것입니다. 이는 풀을 벨 때 뿌리까지 제거하지 않고 갑자기 그만둘 수는 없는 것에 비유할 수 있습니다. 지금 바로 완전한 계책을 세워야 하는데 어찌하여 왜노(倭奴)에 대한 한 차례의 보고에 원근으로 바삐 도망가고, 심지어는 적에게 항복하는 것을 달갑게 여기며 군량미를 지거나 우마(牛馬)를 옮겨주는 일까지 맡아서 하고 또 대신 길잡이 노릇을 하는 사람들도 많습니다. 만약 그렇다면 임금과 부모에 대한 은혜를 어디에 내팽개쳐두었단 말입니까?

조선은 기자(箕子)의 유풍(遺風)을 잇고 있는데, 뜻밖에 이러한 도리에 어긋난 패악한 무리들이 있습니다. 또 충주(忠州) 일대에 도적들이 봉기하여 빼앗을 만한 물건을 가지고 있는지의 여부와 무관하게 혼자 가는 나그네를 만나면 곧바로 그를 죽이니 그곳을 오가는 군관(軍官)들도 두려워할 지경입니다.

무릇 중국 군대가 와서 귀국(貴國)을 구원하는 것은 매번 걸핏하면 재앙을 당하기 때문입니다. 이러한 소문을 한 번 들으면 귀국을 어떤 사람들이라고 생각하겠습니까? 지금 우리 남병(南兵)[27]이 경주에 주둔하고 수비하며 적과 가까이 있지만 병력은 적고 지쳐, 잦은 전쟁을 감당하지 못하고 있습니다. 더구나 밤낮으로 망을 보느라 쉴 틈조차 없습니다. 전후로 전사한 장병 4백여 명은 말할 것도 없고 병으로 죽은 귀국 사람들이 벌써 2백여 명이나 됩니다. 이들은

---

27) 남병(南兵) : 중국 강남 지방의 병사로, 절강(浙江)·강소(江蘇)·강서(江西)·호광(湖廣) 등지의 군사를 이른다.

모두 양갓집 자식들로 모집에 응하여 온 사람들로 공명을 넓히기를 바랐는데, 지금 잇따라 죽고 말았으니 모두 귀국의 누가 아닐 수 없습니다.

지난번 보내신 포(布)는 낙야(駱爺)[28]의 병사 400여 명에게 한 명당 각각 2필씩 나누어 주었고, 본영의 3,000명의 관병(官兵) 중에 사망한 자를 제외하고 현재 남아 있는 2,300여 명 중 많은 수[29]의 병사들에게 포 한 필도 나누어 주지 못하였습니다. 피차가 모두 남병(南兵)에 속하여 함께 진영을 지키고 있으면서 서로 다르게 혜택을 받고 있으니 관병들 중에 불만을 품은 사람들이 많고 불평하는 사람은 경주의 천장(天將)[30]인 오(吳)・낙(駱)[31]과 그리고 저, 이렇게 세 사람뿐입니다.

지방관이 필요한 물품을 공급하여 보내는 종류는 매번 그 양이 일정치 않습니다. 귀국을 위하는 것은 똑같은데 등급을 매겨 다르게 나누어 주니 아마도 이는 사람의 마음을 복종시키는 것이 아닐 것입니다. 저는 병든 몸으로 바쁘게 내달린 지 벌써 반년이나 되었습니다. 더구나 두 조카가 모두 이곳에서 죽었으니 타국에서 전쟁을 치르는 군사들은 매번 가슴이 아파합니다. 저의 병은 갈수록 더욱 깊어져 얼마 지나지 않아 제 몸조차 스스로 보전하지 못할까 두

---

28) 낙야(駱爺, ?~?) : 낙상지(駱尙志)로 추정된다. 《조선왕조실록》 선조(宣祖) 28년 조에 "진유격이 '낙야(駱爺)는 바로 경략이 차임해 보낸 사람이다.[遊擊曰 駱爺 是經略差來]"라는 구절이 있다.

29) 많은 수 : 원문은 '五六'. 《국어(國語)》〈초어 하(楚語下)〉에 "한 가지라도 의롭지 못한 마음이 있어도 오히려 나라를 패망시키는데, 지금 그의 한 몸에 대여섯 가지 의롭지 못한 품행을 가지고 있는데, 그대가 기어코 그를 등용하려고 하니, 또한 어렵지 않겠소?[有一不義 猶敗國家 今壹五六而必欲用之 不亦難乎]"라는 구절에 대한, 《국어략설(國語略說)》에, "오육(五六)은 '많음'을 이른다.[五六 謂多也]"라고 하였다.

30) 천장(天將) : 중국의 장수를 높여 이르는 말이다.

31) 오(吳)・낙(駱) : '오'는 오유충(吳惟忠)이고, '낙'은 낙상지(駱尙志)이다.

려워 지금도 매번 벼슬을 그만두고 고향으로 돌아가고자 합니다. 그리고 큰 말이 거꾸러져 죽어 탈 말이 없어서 매번 어려운 상황입니다. 그럴 때마다 하소연할 만한 곳이 있었는데, 족하의 아량을 믿고 감히 여러 차례 말씀드립니다. 보내신 물건은 하인[小介]이 직접 받고 증명서를 지급하였는지는 모르겠습니다. 오로지 이렇게 말씀을 드리니 밝게 살펴 주시기 바랍니다.

   이만 줄입니다. 좌지(左地).[32]

---

32) 좌지(左地) : 2번 편지의 주석에서 말한 '좌충(左沖)'과 비슷한 의미로 추정된다.

4. 왕필적(王必廸)의 편지

豐院老治
國如忘口碑載道繼履彌境觀之時耗
察之興情果非泛然如是兩行誠哉
賢相也歆服之遠尋
來言足徵
雅意寧惟王京之耗雖將有潰敗但
窮冠別宜急迨兵難運手必勝乃古
今格言總之蛟於此事斷占不踰二月
終三月之初也況王師數萬孰無故鄉之

念恨不能一鼓殄滅即日班師又何暇注意若此乎平壤逸東地土荒蕪甚甚去年雖被殘害居民苦楚亦極今春趂此興其農業不侫謹勸諭若為措民首務幸速圖之勿遲佪〻附覆餘不既

　　　　　左地

侍生王必廸拜

【탈초】
不佞未發師時 聞
豊院君 治
國如家 口碑載道 繼履爾境 觀之時勢
察之興情 果言非泛然 如是而行 誠哉
賢相也 敬服敬服 遠辱
來言 足徵
雅意 竊惟王京之勢 雖將有潰敗 但
窮寇勿宜急追 兵難運乎必勝 乃古
今格言 總之竣於此事者 亦不踰二月
終三月之初也 況王師數萬 孰無故鄉之
念 恨不能一鼓殄滅 卽日班師 又何厪
注意若此乎 平壤迤東 地土荒蕪殊甚
去年 雖被殘害 居民苦楚至極 今春
趁此 興其農業 不佞諄諄勸諭者 爲撫
民首務 幸
速圖之勿遲 偬偬附
覆 餘不旣
左地
侍生王必廸拜

【국역】
　제가 병사를 출발시키기도 전에, 풍원군(豊院君)[33]께서는 자신의 집안처럼 나라를 다스려 칭송이 길에서 넘쳐난다고 소문을 들었습

---

33) 풍원군(豊院君) : 류성룡(柳成龍)의 봉호인 풍원부원군(豊原府院君)을 이른다.

니다. 이어 그대 나라의 국경에 들어와 시세를 관찰하고 민심을 살펴보니 과연 뜬소문이 아니었습니다. 이렇게 실천하시니 참으로 어진 재상이라 공경하고 감복하였습니다. 멀리서 욕되게도 보내오신 말씀을 통해 고아한 뜻을 징험하기에 충분하였습니다.

삼가 서울의 상황은 비록 무너져가고 있지만, "궁지에 몰린 왜구들을 너무 서둘러 추격하지 말아야 한다. 군사의 일은 반드시 이겨야 한다는 어려움이 있다."[34]라고 하였습니다. 이것이 바로 고금의 격언(格言)으로 총괄해 보면, 이 일을 마무리 짓는 데는 2월 말이나 3월 초를 넘지 않을 것입니다. 더구나 수만 명의 왕사(王師)[35] 중에 누군들 고향을 그리워하지 않는 사람이 없겠습니까마는, 일고에 적을 섬멸하지도 못하고 즉일 군대를 돌려야 하는 것이 한스럽습니다. 또 무엇이 간절히 이토록 마음을 집중시킨단 말입니까?

평양의 동쪽 땅은 황폐함이 매우 심합니다. 지난해에는 비록 침해를 입어 그곳에 사는 백성들의 고초가 매우 심하였는데, 올봄에는 농업을 일으켰습니다. 제가 신신당부하고 권유하는 것은 백성을 어루만지는 것을 최우선으로 여겨 지체하지 말고 속히 도모하시기 바랍니다. 바빠서 이만 답장을 씁니다. 나머지는 이만 줄입니다. 좌지(左地).

시생 왕필적(王必廸)은 절하고 편지를 올립니다.

---

34) 궁지에 …… 있습니다 : 원문은 '窮寇勿宜急追 兵難運乎必勝'.《손자(孫子)》〈군쟁(軍爭)〉에 "돌아가는 군사는 막아서지 말고, 포위한 군사는 반드시 틈새를 주고, 궁지에 몰린 적은 추격하지 말라. 이것이 병사를 운용하는 방법이다.[歸師勿遏 圍師必闕 窮寇勿迫 此用兵之法也]"라는 구절이 있다.
35) 왕사(王師) : 천자의 군대를 이른다.

5. 아무개의 편지

頃海防南兵營領兵官鄭德為鎮守重地以保不虞以安宗
廟事切見王…國這都東南咽喉之重地也況今倭賊未
退其性變態不常君不將精兵防守恐一時有變則將何所
禦敵也且我浙兵三千奉
朝廷之命令不辭萬里之勞苦到正月初八日不懼斧鉞之
誅冒死衛鋒攻破平壤勢如當建振開千百里之地而使
倭賊聞凡逃遁皆我浙兵之力波國
君臣眾所共知者也今汝
國王春秋鼎盛正乃中興之明主也若不以重兵鎮守仍恐一時

水陸小路再有不測一則費我渐兵之勞苦二則難鎮汝國中

興之威乞吾切思之豈不謂之寒心哉

君阮為國之元老棟梁之重托古云家有長子國有大臣

公何不將此事奏明

國王撤戎渐兵數百一則以保城池二則護汝國主三則顯用

渐兵豈不謂之長策乎此乃鄙之愚見望乞

高才定尊忠君愛民之心在此一舉

君今酌量而行何如

【탈초】

▨領海防南兵營領兵官鄭德 爲鎭守重地 以保不虞 以安宗
廟事 切見王 ▨[開]³⁶⁾國建都 東南咽喉之重地也 況今倭賊未
退 其性變態不常 若不將精兵防守 恐一時有變 則將何所
禦敵也 且我浙兵三千 奉
朝廷之命令 不辭萬里之勞苦 到正月初八日 不懼斧鉞之
誅 冒死衝鋒 攻破平壤 勢如雷霆 振開千百里之土地 而使
倭賊 聞風逃遁 皆我浙兵之力 汝國
君臣 衆所共知者也 今汝
國王 春秋鼎盛 正乃中興之明主也 若不以重兵鎭守 仍恐一時
水陸小路 再有不測 一則費我浙兵之勞苦 二則難鎭汝國中
興之威風 吾切思之 豈不謂之寒心哉
君旣爲國之元老 棟梁之重托 古云家有長子 國有大臣
公何不將此事 奏明
國王 撤我浙兵數百 一則以保城池 二則護汝國主 三則顯用
浙兵 豈不謂之長策乎 此乃鄙之愚見 望乞
高才定奪 忠君愛民之心 在此一擧
君今酌量而行何如

【국역】

▨령(▨領) 해방(海防) 남병영(南兵營) 영병관(領兵官) 정덕(鄭德)³⁷⁾은 요충지에 군사를 주둔하여 뜻하지 않는 변고에도 나라를

---

36) ▨[開] : 저본에는 결락된 글자이지만 문맥을 살펴 '開' 자를 추가하였다.
37) 정덕(鄭德, ?~?) : 임진왜란에 참여한 명나라 장수로, 어떤 사람인지 자세하지 않다.

보존하고 종묘를 편안하게 하려는 일로 간절히 왕을 뵈려고 했었습니다. 나라를 건국하고 도읍을 세울 때는 동남쪽을 중요한 요충지로 여겼습니다. 더구나 지금은 왜적들이 물러나지도 않았고 그들의 성미 변화를 예측할 수가 없으니, 만약 정예병을 거느리고 지키지 않다가 갑자기 변고가 생긴다면 어떻게 적들을 막아낼 수 있을지 두렵습니다.

또 우리 절병(浙兵)[38] 3,000명은 조정의 명령을 받들고 만 리의 노고를 마다하지 않고, 1월 8일에 도착하여 부월(斧鉞)의 주벌도 두려워하지 않고 죽음을 무릅쓰고 적진으로 돌격하여 평양을 함락하였습니다. 번개 같은 형세로 천 백 리의 땅을 거두어들이자, 왜적들은 소문만 듣고도 달아났으니 모두 우리 절병의 힘입니다. 이는 그대 나라의 임금과 신하들도 모두가 아는 사실입니다.

지금 그대 나라의 왕은 나이가 젊고 나라를 중흥시킬 명철한 군주입니다. 만약 강력한 군대로 요충지를 지키지 않으면 이로 인해 아마도 당장에 물과 뭍의 좁은 길에 거듭 예측하지 않은 일이 벌어질 것입니다. 첫째, 우리 절병의 노고를 허비하는 것이고, 둘째, 그대 나라가 중흥의 위풍을 압도하기 어려울 것입니다. 제가 간절히 생각해보니 어찌 한심하다고 하지 않겠습니까?

그대는 이미 나라를 다스리는 원로이고 중임을 맡은 분입니다. 옛날에 "집에는 장자(長子)가 있고 나라에는 대신(大臣)이 있다."[39]라고 하였는데, 공께서 어찌 이 일을 시행치 않으십니까? 명철하신

---

38) 절병(浙兵) : 중국 절강성(浙江省)에서 온 병사를 이른다. 3번의 편지에서 말한 '남병(南兵)' 중 하나이다.
39) 집에는 …… 있다 : 원문은 '家有長子 國有大臣'. 명나라 나무등(羅懋登)의 《서양기(西洋記)》에 "집에는 장자가 있고 나라에는 대신이 있으니 먼저 최선을 다하면 남는 것이 비로소 너에게 이를 것이다.[家有長子 國有大臣 先盡了我 剩下的才到你]"라는 구절에서 유래하였다.

국왕께 아뢰어 수백 명이나 되는 우리 절병을 철수시킨다면, 첫째 성을 보존하고 둘째 그대 국왕을 수호하며 셋째, 절병을 중용할 수 있을 것이니, 어찌 좋은 책략이라 말하지 않겠습니까? 이것이 바로 비루한 저의 견해이니 재주가 뛰어난 사람에 대해 임금의 재결을 받으시기 바랍니다. 임금께 충성하고 백성을 사랑하는 마음이 이 한 번의 일에 달려 있으니, 그대는 지금 헤아려 행하는 것이 어떻겠습니까?

6. 유정(劉綎)의 편지

詳覽来書憂深慮遠非通達
國體洞識時務者曷克有是屬國艱之
秋正需不危出群之士倘使大展籌策久計靈長
則何憂乎筆可囲元氣矣突爾召還助勤何賴可
為長大息也區區謬拜
簡書東来尾事恨不奮兵決戰殲此島夷而中制
外監動末自便朝徒怒髮夕柱拊膺雖欷亟挫一
方民竟永隻遂除凶志囬視疇昔南征西討輒有

成功今則尺寸莫收悵怏圕措矢時勢不同誰則諒
之而稱許太毅胡獨見知猷深耶此行歸報國主
勤以親賢遠佞整肅朝廷繕甲修兵提防邊圉
善后之策不出來書所云第倭奴果爾遁還則撤
兵省費固可圖完聚而定遠猷或釜山之寇久此
境上之師日老則旣煩兵餉又苦民窮國事之寧
尚不知在何日也冗中聊
復不旣欸言

劉綎兵

【탈초】

詳覽來書 憂深慮遠 非通達
國體洞識時務者 曷克及玆 當是屬國艱難之
秋 正需安危出群之士 倘使大展籌策 久計靈長
則朝鮮十年 可回元氣矣 突爾召還 劻勷何賴 可
爲長大息也 區區謬拜
簡書 東來尾事 恨不奮兵決戰 殲此島夷 而中制
外監 動末自便 朝徒怒髮 夕枉拊膺 雖欲亟拯一
方民 竟未獲遂除兇志 回視疇昔南征西討 輒有
成功 今則尺寸莫收 忸怩罔措矣 時勢不同 誰則諒
之 而稱許太殷 胡獨見知宷深耶 此行歸報國主
勸以親賢遠佞 整肅朝廷 繕甲修兵 隄防邊圉
善后之策 不出來書所云 第倭奴果爾遁還 則撤
兵省費 固可圖完聚而定遠猷 或釜山之寇久屯
境上之師日老 則旣煩兵餉 又若民窮 國事之寧
尙不知在何日也 冗中聊
復 不旣欲言
劉摠兵

【국역】

　　보내온 편지를 자세히 살펴보니 우려가 매우 깊습니다. 나라의 제도를 꿰뚫고 시무(時務)에 밝지 않은 사람이라면 어찌 능히 미칠 수 있었겠습니까? 나라가 어려움을 당한 이때가 바로 안위를 결정할 뛰어난 선비가 필요한 시기입니다. 가령 계책을 크게 펴서 오래도록 유지된다면 조선은 10년 안에 원기(元氣)를 회복할 수 있을 것입니다. 그런데 갑자기 소환하며 불안하게 허둥대니 어디에 의지할지 크게 탄식스럽기만 합니다.

못난 제가 외람되이 보내신 편지를 받으니, 동쪽으로 와서 아름다운 일40)입니다만, 군사를 떨치고 일어나 결전하여 섬 오랑캐를 섬멸하지 못한 것이 한스럽습니다. 그런데 안으로 제어하고 밖으로 살펴보니 흔들려 스스로 편치가 않습니다. 아침에는 쓸데없이 몹시 화가 나 머리털을 세우고 저녁에는 헛되이 가슴만 치며 비록 한 지방의 백성을 서둘러 구제하고 싶었지만 끝내 흉적들의 뜻을 제거하지도 못하였습니다.

지난날을 되돌아보니 남쪽을 정벌하고 서쪽을 토벌할 때마다 공을 이루었는데, 지금은 작은 공조차 거두지 못해 부끄러워 몸 둘 데가 없습니다. 세상의 추이가 서로 다른데 누가 이 일을 헤아려 훌륭하다고 칭찬하겠습니까? 그런데도 어찌 그대만은 저를 깊이 인정해 주십니까? 이번에 돌아가시면 왕께 보고하여 어진 사람을 가까이하고 아첨하는 사람을 멀리하며 조정을 잘 정돈하고 무기를 수리하여 변방을 방비하도록 권하십시오. 뒷마무리를 잘하는 계책은 보내오신 편지로 말씀하신 것에서 벗어나지 않습니다.

다만 왜적들이 과연 달아나 돌아간다면 철군의 비용을 아껴 진실로 성곽을 쌓고 군량을 모으는 것41)을 도모하고 원대한 계책을 정할 수 있습니다. 혹 부산의 왜구가 오랫동안 주둔하고 국경의 군사

---

40) 아름다운 일 : 원문은 '尾事'. 《시경(詩經)》〈패풍(邶風) 모구(旄丘)〉에 "자잘하고 자잘한 저 떠돌아다니는 사람이로다.[瑣兮尾兮 流離之子]"라는 구절에 대한 모형(毛亨) 전(傳)에 "쇄미(瑣尾)는 작고 예쁜 모양이다.[瑣尾 少好之貌]"라고 하였고, 공영달(孔穎達) 소(疏)에 "미(尾)는 '좋은 모양'이다.[尾者 好貌]"라고 하였다.

41) 성곽을 …… 것 : 원문은 '完聚'. 《춘추좌씨전(春秋左氏傳)》 은공(隱公) 원년 조에 "태숙이 성곽을 견고히 쌓고 군량을 모으고 갑옷과 무기를 수선하고 군사와 병거를 갖추어 정나라를 기습하려 하였다.[大叔完聚 繕甲兵 具卒乘 將襲鄭]"라는 구절이 있다.

는 날로 지쳐간다면 이미 군량에도 괴로운데 또 백성들이 곤궁함에 고통을 받고 있으니 나랏일의 편안함은 오히려 언제나 있게 될지도 모릅니다. 바빠서 이렇게만 답장을 쓰고 하고 싶은 말을 다하지 않습니다.

유총병(劉摠兵)[42] 올림.

---

42) 유총병(劉摠兵) : 명나라 장수 유정(劉綎, 15??~1619)을 이른다. 자는 성오(省吾)이다. 무공을 쌓아 사천부총병(四川副總兵)이 되었다. 1592년 임진왜란이 일어나자 이듬해 원병 5천을 이끌고 참전하였다. 1597년 정유재란 때 남원에서 졌다는 소식이 전해지자, 배편으로 강화도를 거쳐 입국하였다. 전세를 확인한 뒤 돌아갔다가, 이듬해 제독한토관병어왜총병관(提督漢土官兵禦倭總兵官)이 되어 대군을 이끌고 와서 도와주었다. 예교(曳橋)에서 왜군에게 패전, 왜군이 철병한 뒤 귀국하였다. 1619년 조선과 명나라 연합군이 후금(後金) 군사와 싸운 부차(富車) 싸움 때 전사하였다.

7. 아무개의 편지

科举两竟不允正系侨束
一部国学同三院考学云云
免撤礼泳言
贵国不隔在必为照之人如
此之款当居货
国民小学凳远之办用
孙俦人员召乡郑
军言邻商安请洽一二
不绦品息在三月皂昏腾鸦
来汉狂伎此时条如调号
都公同此路邱不多言
毛兵楷东

【탈초】
別後無時不念 承
公以兵糧二事 再四囑 不佞旣
已面領 敢托諉之 容抵遼陽
謁
軍門時 當力陳顚末
軍門 乃我
朝傑出者 必有一番高遠作
用 亮不因人成事也 近於嘉
平舘會
周遊戎公云
司農告匱 只欲息肩 要以
封貢二事許倭 而
科道 必竟不允 且看倭表
入都 有何言說 各營兵馬
旣撤 凡疏達
貴國不歸者 必爲惡之人 如
此之類 當啓貴
國君 行八道禁逐之 如用
强傷人者 卽綁解
軍門 老爺臺前 請治一二
其餘卽息矣 三月初七日 渡鴨
綠江 旋便此謝 餘布嗣音
柳公同此致聲 不及另書
名具端柬

【국역】

　이별 후에 그립지 않은 적이 없었습니다. 공께서 군사와 군량에 관한 두 가지 일로 몇 번이고 부탁하시어 제가 이미 직접 받아 감히 맡겨 두었습니다. 용(容)이 요양에 도착하여 군문(軍門)에서 배알할 때 힘껏 일의 전말을 진술하였습니다. 군문은 바로 우리 조정의 걸출한 자로 반드시 한 차례 고원(高遠)한 행위가 있었으니, 이는 진실로 남의 힘으로 이룬 것이 아닙니다.

　근래에 가평관(嘉平館)43)에 모였을 때 주유격(周遊擊)44)공이 "사농시(司農寺)45)에서 군량이 고갈되었다고 하니 어깨에서 짐을 내려놓고46) 쉬려고 합니다."라고 하였습니다. 봉공(封貢)47)의 두 가지 일을 왜인에 허락하기를 요구하려고 하지만 과도관(科道官)48)은 반드시 허락하지 않을 것입니다. 또 왜인들의 표문(表文)을 보고 도성으로 들어가 무슨 말을 나누었는지요?

　각 군영의 병마는 이미 철수하였는데 귀국(貴國)을 훤히 알고 돌

---

43) 가평관(嘉平館) : 가평역(嘉平驛)을 이르는 말로, 《신증동국여지승람(新增東國輿地勝覽)》에 의하면 가산군(嘉山郡) 동쪽 3리에 있다. 조선시대 한양과 의주를 잇는 교통로 상의 역(驛) 중에서 평안도에 위치한 역들을 '관(館)'이라고도 호칭했던 까닭에 사료상에 '가평관(嘉平館)'으로 다수 기록되어 있다.
44) 주유격(周遊擊) : '주'는 주홍모(周弘謨, ?~?)로 자는 원문(元文)이고, 호는 동서(東嶼)이다. 임진왜란에 참여한 명나라 장수이다. 저본의 '遊戎'은 '유격장군(遊擊將軍)'의 다른 이름으로 한나라 때 처음 두었다. 본래는 잡호장군(雜號將軍)의 하나이다.
45) 사농시(司農寺) : 전곡(錢穀) 등을 담당하던 관서이다.
46) 어깨에서 …… 내려놓고 : 원문은 '息肩'. 《춘추좌씨전(春秋左氏傳)》 양공(襄公) 2년 조에, "정나라 성공이 병을 앓았을 때 자사(子駟)가 진나라에 식견(息肩)하기를 청하였다.[鄭成公疾 子駟請息肩於晉]"라고 한 구절에 대한 두예(杜預) 주(注)에 "초나라가 부과하는 노역을 피하고자 하여 '부담(負擔)'이란 말로 비유한 것이다.[欲辟楚役 以負擔喻]"라고 하였다.
47) 봉공(封貢) : 벼슬을 봉해주고 조공하게 함을 이른다.
48) 과도관(科道官) : 명나라와 청나라 때에 육과(六科)의 급사중(給事中)과 도찰원(都察院)의 각 도의 감찰어사(監察御史)를 통칭한 말이다. 풍속을 감찰하고 관리를 규찰하며 황제에게 간언하는 임무를 띠었다.

아오지 않는 자는 반드시 나쁜 짓을 할 사람이니, 이런 무리는 마땅히 귀국의 임금에게 보고하고 팔도에 금지령을 내려 쫓아버리십시오. 만일 강압적으로 사람을 다치게 하는 자는 결박하여 군문에서 내보내십시오. 노야(老爺) 대감께 청컨대 한두 사람만 다스리신다면 그 나머지는 곧바로 종식될 것입니다.

  3월 7일 압록강을 건너 돌아가는 인편에 이렇게 답장을 씁니다. 나머지는 다음 편지에 전하겠습니다. 류공(柳公)께도 이와 함께 소식을 전하고 따로 편지를 하지 않습니다.

  이름만 갖추고 단정히 편지를 씁니다.

8. 저본 결락[49]

---

[49] 저본 결락 : 저본에 원문이 결락되어 생략하였다.

9. 오유충(吳惟忠)의 편지

不侫未入朝鮮聞公盛德憂國憂民常以未識荊為恨繼渡鴨江詢及鮮人口碑嘖嘖真可為鸚鵡之器也慰甚喜甚見今倭奴退屯釜山尚未下海歸國況倭奴狡猾詭譎無熟朝鮮路道則窺視之情必不能免縱便倭歸復來侵擾亢未可知誠不可不預防之也所隄防者在衝要之地設險以禦之耳不侫無似倘可以為本國永保無虞之計亦不朽之故事也但釜山東連慶尚西接全羅均屬要害地里形勢莫知其詳難以區畫敢伏

侍生吳惟忠拜

足下ノ技查勘自釜山東連慶尚以及大丘善山高靈陝川等處西抵全羅以及南原求禮頭耻陰山等處倘別處可以禦之者又須相機處置不可泥于此說必擇以寡敵眾之地為妙耳宜當分析要見某處極衝設險可禦大敵其處次衝設險可禦中敵其處稍衝設險可禦小敵其處有江河賊船可否通往兩岸可以制禦否其處多山其處至某處路程多少及總括四面極衝要路并咸鏡各道賊勢由海有無可乘之處焉賜備細畫圖貼說明白速為

敎之未識尊意以為如何但國事重大幸勿遲緩臨楮昌勝瞻

注

沖

【탈초】

侍生吳惟忠拜

不佞未入朝鮮 聞

公盛德 憂國憂民 常以未識荊爲恨 繼渡鴨江 詢及鮮人 口碑嘖
嘖 眞可爲
鼎鼐之器也 慰甚喜甚 見今倭奴 退屯釜山 尙未下海歸國 況
倭奴狡猾詭謠 兼熟朝鮮路道 則窺視之情 必不能免 縱使倭
歸 復來侵擾 尤未可知 誠不可不預防之也 所隄防者 在衝要
之地 設險以禦之耳 不佞無似 倘可以爲本國永保無虞之計
亦不朽之故事也 但釜山 東連慶尙 西接全羅 均屬要害 地里
形勢 莫知其詳 難以區畫 敢伏
足下分投査勘 自釜山 東連慶尙 以及大丘善山高靈陜川等處 西
抵全羅 以及南原求禮頭恥陰山等處 倘別處可以禦之者 又須
相機處置 不可泥于此說 必擇以寡敵衆之地爲妙耳 宜當
分析要見某處極衝 設險可禦大敵 某處次衝 設險可禦
中敵 某處稍衝 設險可禦小敵 某處有江河 賊船可否通
往 兩岸可以制禦否 某處多山 某處至某處 路程多少及總
括四面極衝要路 竝咸鏡各道 賊勢由海 有無可乘之處 兼
賜備細畫圖貼說明白 速爲
敎之 未識尊意以爲如何 但國事重大 幸勿延緩 臨楮 曷勝瞻
注 沖

【국역】

　　시생(侍生) 오유충(吳惟忠)[50]은 절하고 편지를 올립니다.

---

50) 오유충(吳惟忠, 1533~1611) : 자는 여성(汝誠)이고 호는 운봉(雲峯)이다. 명나

제가 조선으로 들어오기 전에, 공께서 고상한 품성으로 나라와 백성을 근심하고 계시다는 말을 들었지만 한형주(韓荊州)를 알지 못한 것51)을 늘 한스럽게 생각하였습니다. 뒤이어 압록강을 건너 조선 사람에게 물었더니 칭찬52)이 자자하였습니다. 그대는 참으로 재상53)이 될 만한 자질을 갖춘 사람이기에 매우 위안이 되고 기뻤습니다.

지금 왜적들은 부산으로 물러나 진을 치고 아직도 바다에 배를 띄워 귀국하지 않고 있습니다. 더구나 왜놈들은 교활하고 간교하며 조선의 길까지도 익숙하니, 엿보는 정황에서는 반드시 벗어나지 못할 것입니다. 설령 왜적들이 돌아간다고 하더라도 다시 와서 소란을 일으킬지는 더욱 모를 일이니, 참으로 예방하지 않을 수 없습니다. 방비할 것은 요충지에 방어 시설을 설치하여 그들을 막는 것뿐

라 말기의 장수로서 척계광(戚繼光)이 모집한 의오군(義烏軍)으로 활동하며 왜구 토벌에 공을 세웠다. 몽골 방어를 위한 계주(薊州)의 성보(城堡) 수축에 참여하였다. 임진왜란 시에는 이여송(李如松)이 이끄는 부대 소속으로 평양 전투에 참여했고, 정유재란 때에는 충주(忠州)에 주둔하면서 영남을 오가며 일본군 공격에 힘썼다.

51) 한형주(韓荊州)를 …… 것 : '한형주'는 형주자사(荊州刺史)를 지낸 한유(韓愈)를 이르는 말로, 평소 존경하는 사람을 만나지 못함을 비유한 말이다. 여기서는 류성룡을 알지 못함을 안타깝다는 뜻이다. 당나라 한조종(韓朝宗)이 형주장사(荊州長史)로 명망이 높아서 한형주로 일컬어졌는데, 이백(李白)의 〈여한형주서(與韓荊州書)〉에 "태어나서 만호후에 봉해지기보다는 단지 한번 한형주를 알기를 원한다.[生不用萬戶侯 但願一識韓荊州]"라는 구절에서 유래하였다.

52) 칭찬 : 원문은 '口碑'. 말의 비석이란 뜻으로, 뭇사람의 입으로 전해오는 칭송을 이른다. 《오등회원(五燈會元)》〈보봉문선사법사(寶峰文禪師法嗣) 영주태평안선사(永州太平安禪師)〉에 "그대에게 권하노니, 단단한 돌을 쪼지 마시오. 길을 다니는 사람들의 입이 비석이나 마찬가지이니.[勸君不用鐫頑石 路上行人口似碑]"라는 구절이 있다.

53) 재상 : 원문은 '鼎鼐'. 솥[鼎]의 발이 셋이므로 삼공을 비유하는 말이다. 《국노담원(國老談苑)》에 송나라 때의 재상인 구준(寇準)이 30년 관직 생활을 하는 동안 변변한 집 한 채도 없이 살자, 처사(處士) 위야(魏野)가 "관직은 재상의 지위에 있건만, 누대를 세울 땅은 한 조각도 없네.[有官居鼎鼐 無地起樓臺]"라는 시를 지어 주었다.

입니다.

보잘것없는 제가 만약 그대의 나라를 위해 오랫동안 나라를 보존하고 걱정 없는[54] 계획을 세운다면 이 또한 영원히 전해질 고사(故事)가 될 것입니다. 그러나 부산은 동쪽으로는 경상도와 이어져 있고 서쪽으로는 전라도에 붙어 있어서 모두 군사적 요충지에 속합니다. 지리적 형세를 자세히 알 수 없어 계획을 세우기 어려우니, 감히 족하께서 인원을 나누어 투입하여 조사해 주십시오.

부산에서 동쪽은 경상도로 이어져 대구(大丘)[55]·선산(善山)·고령(高靈)·합천(陜川) 등지에 이르고 서쪽은 전라도까지 남원(南原)·구례(求禮)·두치(頭恥)·음산(陰山) 등지에 이릅니다. 만약 다른 곳에 방어할 만한 곳은 또 모쪼록 기미를 살펴 대응하십시오. 그렇다고 이 말에 너무 얽매이지 말고 반드시 소수의 군사로 대군을 상대하기 좋은 곳을 선택하는 것이 묘책입니다. 마땅히 중요한 견해를 분석하여 어느 곳이 가장 좋은 요충지인지 살펴 방어물을 설치하면 대적(大敵)을 막을 수 있는지, 어느 곳이 다음 가는 요충지인지 살피고 방어물을 설치하면 중적(中敵)을 막을 수 있는지, 어느 곳이 약간의 요충지인지 살피고 방어물을 설치하면 소적(小敵)을 막을 수 있는지, 어느 곳에 강하(江河)가 있어 적선이 지나갈 수 있는지의 여부와 양쪽 언덕에서 그들을 제압하여 막을 수 있는지를 살피십시오. 또 왕래하며 제어할 수 있는지, 어느 곳에는 산이 많고 어느 곳은 어느 곳으로 이르는지, 길의 많고 적은 정도와 사면의 최

---

54) 걱정 없는 : 원문은 '無虞'. 아무런 걱정이 없이 편안함을 이른다. 《서경(書經)》 〈필명(畢命)〉에 "사방이 아무런 걱정이 없으니 나 한 사람이 이로써 편안하노라.[四方無虞 予一人以寧]"라는 구절이 있다.
55) 대구(大丘) : 지금은 '대구(大邱)'라고 쓰는데, 공자의 이름인 '丘' 자를 피휘하여 '邱' 자로 지명을 바꾼 내용이 《조선왕조실록》 영조(英祖) 26년 12월 조에 자세히 실려 있다.

고 요충지와 요로를 총괄하여야 합니다.

　아울러 함경(咸鏡)과 각 도는 적의 형세가 바다를 경유하여 배를 탈 수 있는 곳이 있는지 없는지, 상세하게 그림을 그리고 명확하게 설명을 덧붙여 서둘러 알려주시기 바랍니다. 그대는 어떻게 생각하시는지 모르겠습니다. 다만 나랏일이 중대하니 시일을 늦추지 마시기 바랍니다. 편지를 대하니 그리운 마음을 어찌 이기겠습니까?

　좌충(左沖).

10. 정덕(鄭德)의 편지

大國柱家爺柳老大人﹝荃下﹞

向從江邊一別 不意數月有餘矣
教心意芽塞之矣 今生家曾府差佳頒粮意商頒教不幸
忽染小病 不得趨侍 心甚快 累遣小价尋訪 又不知
尊館 何處生之緣分淺薄 何如其郵那生曾尚州大丘又無
遠上樓身雨水霜雪具苦不可勝言 柰何 況我浙江俱
是冨家子弟 召募而未 又無爲軍 不同皆是爲名利而來改

寺教生鄭德頓首拜

城暑地寶肯向前日今天寒地凍其寶難得今有愚見雖不
堪听生托相知故具陳倘具言可彩望之
玉音示下以憑進退可也無物
恭敬外具禮帽戴頂以表寸意伏乞
笑納病中草…不恭容當面陳恕罪幸

左冲

德再拜具

【탈초】

侍敎生鄭德頓首拜

大國柱冢宰柳老大人 臺下

向從江邊一別 不覺數月有餘 久違

▨[下]⁵⁶⁾敎 心覺茅塞之矣 今生蒙督府差往領粮 意圖領敎 不幸

忽染小病 不得趨侍 心甚快▨[快]⁵⁷⁾ 累遣小价尋訪 又不知

貴舘▨[在]⁵⁸⁾何處 生之緣分淺薄 何如其鄙耶 生看尙州大丘 又無

房屋棲身 雨水霜雪 其苦不可勝言 奈何奈何 況我浙江 俱

是富家子弟召募而來 又與馬軍不同 皆是爲名利而至 攻

城略地 實肯向前 目今天寒地凍 其實難存 今有愚見 雖不

堪听 生托相知 故此具陳 倘其言可(彩)[探]⁵⁹⁾ 望乞

玉音示下 以圖進退可也 無物

恭敬 外具氈帽貳頂 以表寸意 伏乞

笑納 病中草草不恭 容當面陳 恕罪幸幸

左冲

德再拜具

【국역】

시교생 정덕(鄭德)은 머리 조아리고 편지를 올립니다.

　대국주(大國柱) 총재(冢宰) 유노대인(柳老大人) 대하(臺下)⁶⁰⁾께

---

56) ▨[下] : 저본에는 결락된 글자이지만 문맥을 살펴 '下' 자를 추가하였다.
57) ▨[快] : 저본에는 결락된 글자이지만, 1934년 5월 조선사편수회(朝鮮史編修會)에서 간행한 《당장서첩(唐將書帖)》에 의거하여 '快' 자를 추가하였다.
58) ▨[在] : 저본에는 결락된 글자이지만 문맥을 살펴 '在' 자를 추가하였다.
59) (彩)[探] : 저본에는 '彩' 자로 되어 있지만 문맥을 살펴 '探' 자로 바로잡았다.
60) 대하(臺下) : 상대를 높여 이르는 말이다.

올립니다.

　지난번 강가에서 한 번 이별하고 나서 몇 달이 지났는지도 모르겠습니다. 오랫동안 편지를 받지 못하여 마음이 답답합니다.[61] 지금 저는 독부(督府)[62]가 영량사(領粮使)로 차출하여 보내는 명령을 받아 말씀을 따르려고 했는데, 불행히도 갑자기 작은 병에 걸리는 바람에 받들어 모시지도 못하여 마음이 매우 서운하였습니다. 여러 번 하인을 보내 찾아갔었는데, 또 귀관(貴館)이 어느 곳에 있는지 모르겠습니다. 저의 인연이 얕은 것이 어찌 이다지도 비루하단 말입니까?

　제가 상주와 대구를 보니 몸을 둘 만한 방이 없어 비와 서리와 눈을 맞고 있으니, 그 고초를 어찌 말로 다 하겠습니까? 더구나 우리 절강(浙江)의 군대는 모두 부유한 집안의 자제를 모집해서 왔고, 또 기마병과 달리 모두 명리를 위하여 왔으니 성을 공격하고 땅을 점령하는 데는 참으로 앞서 가려 하지만 지금은 날씨가 춥고 땅이 얼어 참으로 생존하기 어렵습니다. 지금 저의 어리석은 견해는 비록 웃음을 견디지 못하시겠지만, 저는 서로 잘 알고 있는 처지를 믿고 이렇게 자세히 말씀드립니다.

　혹시라도 저의 이 말이 채택할만하다고 생각하시면 옥음(玉音)을 내리시고 진퇴를 도모하시는 것이 옳을 것입니다. 공경한 마음을 표현할 물건이 없어 전모(氈帽)[63] 2정을 겉치레만 갖추어 작은 제

---

61) 답답합니다 : 원본은 '茅塞'. 띠풀이 가득 찬 듯이 막혀 답답한 상태를 이른다. 《맹자(孟子)》〈진심 하(盡心下)〉에 "산중의 오솔길이 사용하는 순간에는 길을 이루었다가, 잠시 사용하지 않으면 띠풀이 꽉 차 버리나니, 지금 자네의 마음속에도 띠풀이 꽉 찼도다.[山徑之蹊間 介然用之而成路 爲間不用 則茅塞之矣 今茅塞子之心矣]"라는 구절에서 유래하였다.
62) 독부(督府) : 대장이 있는 막부(幕府)를 이르는 말이다. '도독부(都督府)'라고도 한다.
63) 전모(氈帽) : 모전으로 만든 모자를 이른다.

마음을 표합니다. 웃으며 받아주기를 바랍니다. 병중에 급히 쓰느라 공손치 못하였습니다. 혹시라도 만나면 저의 죄를 용서해 주시기 바랍니다.

 좌충(左冲).

 정덕(鄭德)은 재배하고 편지를 올립니다.

11. 아무개의 편지

足下係國安危兄所刺病必能摩畫值此軍儲罄
迫之際當必有調傳之石畫也本營客戎已
久數月以來風雨暴露俱患傷寒瀉痢危甚
接踵歲事興悲不勝剝剜乞
盡念官兵之苦有豉醬惠賜一二感當何如
抵聞慶驛使之便草此代
候幷致覼縷惟
孚亮之荷

八月廿後四日具
左冲

【탈초】

▨ …… ▨

足下係國安危 凡所利病 必能擘畫 値此軍儲窘
迫之際 當必有調停之石畫也 本營客戍已
久 數月以來 風雨暴露 俱患傷寒痢瘧 死者
接踵 感事興悲 不勝劕剜 乞
垂念官兵之苦 有鹽醬惠賜一二 感當何如▨[哉][64]
抵聞慶驛使之便 草此代
候 竝致颙縷 惟
孚亮之 荷荷
八月 卄後四日具
左冲

【국역】

▨……▨

족하는 나라의 안위와 관계되니 무릇 이익과 손해를 반드시 잘 기획하여 이처럼 비축한 군량미가 부족한 때를 만났으니 반드시 잘 조절하는 큰 계획[65]이 있어야 할 것입니다. 본영은 타국에서 변방을 지킨 지 벌써 오래되어 몇 달이나 비바람을 맞아 모두 감기와 이질을 앓아 죽는 자가 속출하고 있으니 슬픔이 마치 살을 도려내는 듯 아파 견디지 못할 정도입니다. 관병(官兵)의 고초를 굽어 살펴 소금과 간장 조금을 내려 주신다면 감동이 마땅히 어떠하겠습니까?

---

64) ▨[哉] : 저본에는 결락된 글자이지만 문맥을 살펴 '哉' 자를 추가하였다.
65) 큰 계획 : 원문은 '石畫'. 《한서(漢書)》〈흉노전 하(匈奴傳下)〉에 "당시 비범한 선비와 큰 계획이 있는 신하가 몹시 많았다.[時奇譎之士 石畫之臣 甚衆]"라는 구절이 있다.

문경(聞慶)에 도착한 역사(驛使)를 통해 편지로 대신 안부를 드립니다. 아울러 자세히 말씀드리니 밝게 살펴 주시면 감사하겠습니다.[66]

8월 24일 편지를 올립니다.

좌충(左冲).

---

66) 감사하겠습니다 : 원문은 '荷荷'. 남의 은택에 대하여 매우 고맙게 여기는 것을 이른다. 《퇴계집(退溪集)》 〈답이중구서(答李仲久書)〉에 "《주자실기》는 아직 다 살펴보지 못하였으니 더 머물러 두기를 허락하신다면 감사하겠습니다.[朱子實紀 方有考檢未了事 蒙許且留 幸幸荷荷]"라는 구절이 있다.

12. 낙상지(駱尙志)의 편지

近因倭奴畏威效順讓還朝鮮退回日本蓋亦良心所發悔過遷善之大端也既而送還爾國儲君幷被擄居民及剃髮爲倭者一一還之是亦所之善色今聞貴國之人歌同倭奴徃日本者何必恐彼反怏無情說不殺之恩有言而玉之說又恐爾國法度森嚴歸則繫付法曺者有之是言屢之無可柰何耳爲今之計理宜興諸公各陪臣議之何不亟計宥其既徃之愆原其来歸之意早出令宣諭曰汝等各軍民人等被倭所擄者皆出不得已之意內豈

有不念汝祖宗墳墓與夫父母兄弟子姪妻妾子女之憊哉我知汝等進退兩難特此宣諭早〻出来既知征戰之法我舍正歌卧薪嘗膽以圖報復〻将倭巢出来之人一萬数千有餘立一大元帥統之定立題目教習武藝修整器械以一教十以十教百以百教千以千教萬衆〻精兵雖倭奴有後来之念我有精兵待之法曰常恃不来恃吾有以待之何如〻軍務紛〻草〻布達此亦富國強兵之道百姓安堵居民樂業豈不羡哉

駱參將

【탈초】

近因倭奴畏威効順 讓還朝鮮 退回日本 蓋亦良心所發 悔過遷
善之大端也 旣而送還爾國儲君 竝被擄居民 及剃髮爲倭者 一一還
之 是亦▨▨[忻]⁶⁷⁾之音也 今聞貴國之人 欲同倭奴往日本者 何也 恐彼
反怪無情 謝▨[其]⁶⁸⁾不殺之恩 有言同去之說 又恐爾國法度森嚴 歸則
槪付法曹者有之 是皆處之無可奈何耳 爲今之計 理宜與
諸公各陪臣議之 何不將計就計 宥其旣往之愆 原其來歸之意 早早
出令宣諭曰 汝等各軍民人等 被倭所擄者 皆出不得已之意 內豈
有不念汝祖宗墳墓 與夫父母兄弟子姪妻妾子女之屬哉 我知汝
等進退兩難 特此宣諭 早早出來 旣知征戰之法 我今正欲臥薪嘗
膽 以圖報復 ▨[或]⁶⁹⁾將倭巢出來之人一萬數千有餘 立一大元帥統之
定立頭目 敎習武藝 修整器械 以一敎十 以十敎百 以百敎千 以千
敎萬 務成精兵 雖倭奴有復來之念 我有精兵待之 法曰 弗恃不
來 恃吾有以待之 何如何如 軍務紛紛 草草布達 此亦富國强兵之
道 百姓安堵 居民樂業 豈不美哉 駱參將

【국역】

　근래에 왜적들이 위협을 두려워하고 순종하면서 조선을 되돌려주고 물러나 일본으로 돌아간 것은, 대개 양심이 우러나와 허물을 뉘우치고 착해진 큰 단서입니다. 이윽고 그대 나라의 세자를 송환하

---

67) ▨▨[忻] : 저본에는 결락된 글자이지만, 1934년 5월 조선사편수회(朝鮮史編修會)에서 간행한 《당장서첩(唐將書帖)》에 의거하여 뒷글자를 '忻' 자를 추가하였다.
68) ▨[其] : 저본에는 결락된 글자이지만 문맥을 살펴 '其' 자를 추가하였다.
69) ▨[或] : 저본에는 결락된 글자이지만, 1934년 5월 조선사편수회(朝鮮史編修會)에서 간행한 《당장서첩(唐將書帖)》에 의거하여 '或' 자를 추가하였다.

였고 아울러 포로가 된 주민과 머리를 깎고 왜적이 된 자들을 하나 하나 돌려보내니, 이 또한 기쁜 소식입니다.

　지금 귀국(貴國) 사람들이 왜적과 일본으로 가려는 자들이 있다는 말을 들었는데, 무엇 때문입니까? 아마 저들은 도리어 무정한 것을 괴이하게 여기고 죽이지 않은 은혜에 감사하여 함께 간다고 말했다는 설이 있는 듯합니다. 또 아마 그대 나라의 법도가 삼엄하여 만약 돌아오면 대개 형조(刑曹)로 넘겨지는 자들이 있을 것인데, 이들은 모두 처리할 방법이 없습니다.

　지금을 위한 계획은 이치상 마땅히 여러 사람과 각 신하들과 함께 의논하여 상대의 계략을 알아보고 어찌 역이용하지[70] 않으십니까? 이미 지나간 잘못은 용서하고 돌아오는 사람을 용서한다는 뜻으로 조속히 명령을 내려 선유(宣諭)[71]하여 "너희들 각 군민인(軍民人)이 왜인들에게 포로가 되었던 것은 모두 어쩔 수 없었던 뜻에서 나온 것이기는 하지만 마음속에는 너희 조상의 무덤과 무릇 부모·형제·조카·처첩·자녀의 친속을 어찌 염려하지 않는가? 내 너희들의 이러지도 저러지도 못하는 상황을 알기에 특별히 이렇게 선유하니 조속히 나오도록 하라. 이미 싸우는 방법을 아니, 내 지금 바로 와신상담(臥薪嘗膽)[72]하여 보복을 도모하겠노라."라고 하십시오.

　혹시 왜적의 소굴에 드나든 사람은 일만 천여 명이니, 한 명의 대원수(大元帥)를 세워 그들을 통솔하고 우두머리를 정하여 무예를

---

70) 상대의 …… 역이용하지 : 원문은 '將計就計'. 《삼국연의(三國演義)》 18회에 "가후가 조조의 생각을 헤아려 알고 역이용할 계획을 행하려고 하였다.[賈詡 料知曹操之意 欲將計就計而行]"라는 구절이 있다.
71) 선유(宣諭) : 임금의 명령을 널리 알려 깨닫게 하는 것을 이른다.
72) 와신상담(臥薪嘗膽) : 춘추 때 오왕(吳王) 부차(夫差)가 월(越)에서 죽은 아버지를 위해 섶 위에 누워 월(越)을 복수하려는 일을 잊지 않은 것과 오(吳)에 나라를 빼앗긴 월왕(越王) 구천(句踐)이 앉으나 서나 쓸개를 쳐다보고 음식을 먹을 때에도 맛보면서 복수를 잊지 않은 고사가 있다.

가르치고 무기를 수리하여 한 사람이 열 사람을 가르치고 열 사람이 백 사람을 가르치며 백 사람이 천 사람을 가르치고 천 사람이 만 사람을 가르쳐 정예병을 힘껏 육성하십시오. 그렇게 한다면 아무리 왜적들이 다시 쳐들어올 생각이 있다고 해도 우리는 정예병으로 그들을 상대할 수 있을 것입니다. 병법(兵法)에 "적들이 쳐들어오지 않을 것이라 믿지 말고 우리가 대비함이 있음을 믿어라."[73]고 하였으니 어떻습니까?

군무가 바빠 서둘러 말씀드립니다. 이 또한 부국강병하는 방법으로 백성들은 거처가 편안하고 사람들은 생업을 즐길 것이니 어찌 아름답지 않겠습니까?

낙참장(駱參將)[74]이 드립니다.

---

73) 적들이 …… 대비하라 : 《손무자직해(孫武子直解)》〈구변(九變)〉에 "용병하는 방법은 적이 쳐들어오지 않음을 믿지 말고 우리가 대비함이 있음을 믿어야 하며, 적이 공격하지 않음을 믿지 말고 우리에게 공격할 수 없는 대비가 있음을 믿어야 하는 것이다.[用兵之法 無恃其不來 恃吾有以待之 無恃其不攻 恃吾有所不可攻也]"라는 구절에서 유래하였다.

74) 낙참장(駱參將) : '낙'은 명나라 장수 낙상지(駱尙志, ?~?)로, 호는 운곡(雲谷)이다. 임진왜란 때 조선의 선봉장(先鋒將)으로 의주를 지켰으며, 용력이 뛰어나 천근(斤)을 들어 낙천근(駱千斤)이라 불리었다. '참장'은 명청대(明淸代)의 무관으로 총병(總兵)·부총병(副總兵)의 차관(次官)으로 부장(副將)의 아래 계급이다.

13. 왕필적(王必迪)의 편지

逖違尼尺無由一晤心懷宁想節荷 侍生王必迪拜
高情惟
賢相為國勞神驅馳王事則用情于蒼生者
多矣敬羨々李山謙營中事躰昨已具稟
通知俱獲平安倭情如舊無勞過念又承
惠魚扇謹領受已倚江邊事情希勿各一報
聞何如伴旋庸此布
復餘不盡

당장서첩(唐將書帖) 건(乾) 69

【탈초】

侍生王必廸拜

道▨[途]⁷⁵⁾咫尺 無由一晤 心懷宁想 節荷

雅愛 足仞

高情 惟

賢相 爲國勞神 驅馳王事 則用情于蒼生者

多矣 敬羨敬羨 李山謙營中事體 昨已具稟

通知 俱獲平安 倭情如舊 無勞過念 又承遠

惠魚扇 謹領受已 倘江邊事情 希勿吝一一報

聞何如 伻旋肅此布

復 餘不盡

【국역】

　시생(侍生) 왕필적(王必迪)은 절하고 편지를 드립니다.

　길이 지척인데도 한번 만나 뵐 방법이 없어 마음속으로 그립기만 하였습니다. 이때 사랑해주시니 베푸신 정의(情誼)가 한 길이나 됩니다. 어진 재상께서 나라를 위하여 애태우시고 나랏일에 부지런하니 백성들에게 관심을 기울이신 것이 많다 하겠습니다. 공경하고 흠모합니다.

　이산겸(李山謙)⁷⁶⁾의 병영에서 일어난 상황은 어제 이미 갖추어

---

75) ▨[途] : 저본에는 결락된 글자이지만, 1934년 5월 조선사편수회(朝鮮史編修會)에서 간행한 《당장서첩(唐將書帖)》에 의거하여 '途' 자를 추가하였다.

76) 이산겸(李山謙, ?~?) : 토정(土亭) 이지함(李之菡)의 서자로, 임진왜란 때 충청도에서 의병을 일으켜 조헌의 휘하에서 활동하다가 조헌이 전사한 뒤 잔여 병력을 이끌고 충청도와 전라도 일대에서 의병 활동을 하였다. 1594년(선조27) 송유진(宋儒眞)의 난에 연루되어 처형되었다.

보고하고 통지하였습니다. 함께 평안하고 왜적들의 정황은 예나 마찬가지이니 지나치게 염려하지 마십시오. 또 멀리서 보내신 물고기와 부채를 삼가 받았습니다. 혹시 강변의 사정에 대하여 아끼지 마시고 자세히 들려주시는 것이 어떻습니까? 하인이 돌아가는 편에 엄숙히 답장을 쓰고 이만 줄입니다.

14. 아무개의 편지

足下文武全才再造
貴國功德高厚古今罕有不侯雖
係神交亦油然興企慕之想
值此妖氣卞息及時振擧轉移
更化之功其機多在
足下宜留意爲使旋布
謝不盡

名別具

冲

【탈초】

足下文武全才 再造
貴國 功德高厚 古今罕有 不佞雖
係神交 亦油油然興企慕之想
值此妖氣乍息 及時振擧 轉移
更化之功 其機多在
足下宜留意焉 使旋布
謝 不盡
名別具
冲

【국역】

　족하께서 문무를 모두 겸비하신 재능으로 귀국(貴國)을 다시 일으켰고 공덕이 높고 두터우니, 이는 고금에 드문 일입니다. 저와는 비록 정신적으로 사귀는 사이이기는 하지만, 또한 저절로 마음속으로 기대하고 사모하는 마음이 일어났습니다. 이처럼 요사스러운 기운이 잠깐 멈추는 이때 나라를 정돈하여 변화하고 개혁할 공을 세울 기회가 많이 있으니, 족하께서는 마땅히 유념하십시오. 하인이 돌아가는 편에 답장을 쓰고 이만 줄입니다.

　이름은 별지에 적었습니다.

　좌충(左冲).

15. 유정(劉綎)의 편지

據來報知倭情叵測隄防當嚴今已
發兵二隊先赴大丘屯守明旦統領
眾兵俱住庶聲援家通狡奴或者
寢其邪心如凡地方有事著人探
實預報
本府自為裁酌應酬此
護

劉總兵

【탈초】

據來報 知倭情叵測 隄防當嚴 今已
發兵二隊 先赴大丘屯守 明旦統領
衆兵俱往 庶聲援密邇 狡奴或者
寢其邪心也 凡地方有事 着人探
實預報
本府 自爲裁酌應酬 此
復 劉摠兵

【국역】

　보내오신 소식에 따라 왜적의 정황을 예측할 수가 없어 엄히 방비하고 있습니다. 지금 이미 두 부대를 출병시켜 우선 대구로 가서 주둔해서 지키고, 다음 날 아침에 많은 군사를 거느리고 함께 가서 가까운 곳을 지원하려고 하는데, 교활한 왜적들 가운데 혹시 사특한 마음을 숨기고 있기도 합니다.
　지방에 일이 있어 사람을 만나 사실을 탐문하여 미리 본부에 알리고 스스로 가늠하여 대처하였습니다. 답장을 씁니다.
　　유총병(劉摠兵)

16. 왕필적(王必廸)의 편지

不侫濫辱貴國已閱歲多辱雅情感不自已足下學裕經綸才堪振起國雖殘破而愛養元氣緩舊物不過一轉移之力耳不侫雖別去亦擧有翹望爲脫如妖氣未靖虜勢孔棘必宜再請天王同室有鬩諒能披髮櫻冠以捄也初三日渡江軍冗蝟集百尒私衷不盡覶縷

季春朔後二日廸生再頓首

左冲

菅服生王必廸頓首拜

【탈초】

朞服生 王必廸 頓首拜

謝不佞濫(罔)[竽]77)

貴國 ▨[今]78)已閱歲 多辱

雅情 感不自已

足下學裕經綸 才堪振起 國雖殘破 而愛養元元

光復舊物 不過一轉移之力耳 不佞雖別去 亦拳拳

有厚望焉 脫如妖氛未靖 聲勢孔棘 必宜再請

天王 同室有鬪 諒能披髮攖冠以捄也 初三日渡江 軍

冗蝟集 百爾私衷 不盡鬮縷

季春朔後 二日 廸生 再頓首

左冲

【국역】

　　기복생(朞服生) 왕필적(王必廸)은 머리 조아리고 답장을 드립니다.
　　제가 귀국(貴國)에서 자리만 차지하고 있은 지79) 지금 벌써 한 해가 넘었는데, 그대의 두터운 우정을 더럽혀 감사한 마음 절로 마지

---

77) (罔)[竽] : 저본에는 '罔'으로 되어 있으나, 1934년 5월 조선사편수회(朝鮮史編修會)에서 간행한 《당장서첩(唐將書帖)》에 의거하여 '竽'으로 바로잡았다.
78) ▨[今] : 저본에는 결락된 글자이지만, 1934년 5월 조선사편수회(朝鮮史編修會)에서 간행한 《당장서첩(唐將書帖)》에 의거하여 '今' 자를 추가하였다.
79) 자리만 …… 지 : 원문은 '濫竽'. 참다운 재주나 학문이 없는 사람을 이르는 말로, 자신의 겸사로 쓰이기도 한다. 《한비자(韓非子)》〈내저설 상(內儲說上)〉에 "제 선왕(齊宣王)이 악기 우(竽)의 합주를 좋아하여 연주자를 3백 명으로 구성하였는데, 연주에 서툰 남곽처사(南郭處士)가 그들 틈에 끼어 잘 지냈으나, 선왕의 아들 민왕(湣王)이 등극하여 독주(獨奏)를 좋아하여 한 사람씩 연주하게 하자, 처사가 그만 달아난다.[齊宣王使人吹竽 必三百人 南郭處士請爲王吹竽 宣王說之 廩食以數百人 宣王死 湣王立 好一一聽之 處士逃]"는 구절에서 유래하였다.

않습니다. 족하의 학문은 경륜이 넉넉하고 재주는 떨쳐 일으킬 만합니다. 그러하니 나라가 비록 무너졌더라도 백성을 사랑하여 기르고 옛땅을 회복하는 것은 한번 바뀌는 힘에 지나지 않습니다.

제가 비록 떠난다고 하더라도 잊지 않고 간절한 바람을 가지고 있겠습니다. 만약 요망한 기운이 안정되지 못하고 형세가 몹시 다급해지면 반드시 마땅히 천왕께 다시 요청하겠습니다. 한 방에 있는 사람들끼리 쥐어박고 싸우면 비록 머리 풀어 산발한 채로 관을 쓰고 가서 말릴 것입니다.[80] 3일 강을 건너 군무(軍務)가 운집하여 모든 저의 속마음을 자세히 다 말씀드리지 못합니다.

3월 2일, 왕필적은 머리 조아리고 편지를 올립니다.

좌충(左冲).

---

80) 한 방에 …… 것입니다 : 원문은 '同室有鬪 諒能披髮攖冠以抹也'. 《예기집설(禮記集說)》〈곡례 상(曲禮上)〉에 "남자와 여자 사이에는 직접 주고받지 않으나 형수가 물에 빠졌을 때에는 그를 손으로 잡아 구원하고, 군자는 의관을 정제하여야 하지만 한 방에 있는 사람들끼리 쥐어박고 싸우면 비록 머리 풀어 산발한 채로 관을 쓰고 가서 말리는 것은 어려움을 만나 어찌할 수 없는 경우이다.[男女 不授受 嫂溺 則援之以手 君子正其衣冠 同室有鬪 則被髮纓冠而救之 此臨難而不得已也]"라는 구절이 있다

17. 진인(陳寅)의 편지

出圍據官兵拿獲一男子來因其父避匿草叢
刻恐屬奸細故不得捉送審問耳生譯審
人未得其真幸詳加究問如果不無詐僞情弊當釋
之連人卽送唯
偷照不宣

侍生陳寅頓

【탈초】

侍生陳寅頓▨▨[首拜][81]

▨▨出圍 據官兵拿獲一男子來 因其人避匿草叢

▨……▨ ▨[疑][82]恐屬奸細 故不得捉送審問耳 生譯審

▨[之] 未得其眞 幸詳加究問 如果不無詐僞情弊 當釋

▨[放]之 連人崙送 惟

備照 不宣

【국역】

시생(侍生) 진인(陳寅)[83]은 머리 조아리고 올립니다.

▨▨ 적군의 포위를 탈출하여 관병에게 잡혀 온 한 남자에 따르면, 그 사람이 잡풀이 우거진 속에 숨어 있다가 ▨……▨. 간첩일까 두려워 잡아 보내 심문하지 않았을 뿐입니다. 저는 통역을 통해 자세히 심문하였지만 진위를 알지 못하였으니, 자세히 추궁하시기 바랍니다. 만약 거짓된 정황과 폐단이 없지 않다면 마땅히 그들을 풀어주십시오. 동행하는 심부름꾼을 통해 편지를 보내니 살펴 주시기 바라며 이만 줄입니다.

---

81) ▨▨[首拜] : 저본에는 결락된 글자이지만, 1934년 5월 조선사편수회(朝鮮史編修會)에서 간행한 《당장서첩(唐將書帖)》에 의거하여 '首拜'를 추가하였다.

82) ▨[疑] : 저본에는 결락된 글자이지만, 1934년 5월 조선사편수회(朝鮮史編修會)에서 간행한 《당장서첩(唐將書帖)》에 의거하여 '疑' 자를 추가하였다.

83) 진인(陳寅, ?~?) : 호는 빈양(賓陽)이다. 서도지휘첨사(署都指揮僉事)로 보병 3850인을 이끌고 1598년 11월에 조선으로 출정하여 도산(島山) 전투에서 탄환을 맞고 들것에 실려 경성으로 돌아왔다. 재물을 내어 남대문 밖에 관우묘(關羽廟)를 세웠으며 1599년 4월에 돌아갔다.

18. 심유경(沈惟敬)의 편지

茲者東行非不亟亟身掌促裝數日而未獲一好馬縱有數匹皆殘羸不堪如此氷道難行恐非一幸體欲情希
製君似沠輕裘蕪橐爲告戒速催好馬幸
外領一戡身得達事不然應用前送陪臣文爲更易今者形類傴僂不堪■■■幹省來

侍生沈惟敬拜

政府水老■■

【탈초】

茲者東行 非不才身事 促裝數日 而未獲一好馬
縱有數匹 皆殘羸不堪 如此氷道難行 恐非
事體 欲情布
國君 似涉輕褻 幸爲告戒 速催好馬幸幸
外▨[領]⁸⁴⁾一啓再得通事二名應用前途 陪臣又爲更易 今者形類傴僂
不▨▨[堪爲]⁸⁵⁾……▨[才]⁸⁶⁾幹者來
政府柳老▨……▨
侍生 沈惟敬拜

【국역】

이번 동쪽 행차는 저처럼 재주 없는 사람이 할 수 있는 일이 아니었습니다. 행장을 꾸린 지 며칠이나 되었는데, 아직 좋은 말 한 마리도 얻지 못하였습니다. 비록 여러 필의 말을 가지고 있지만 모두 쇠잔하고 약하니 길을 감당하지 못할 것입니다. 이러한 빙판길 어려운 길은 사체(事體)[87]가 아닐까 걱정되어 이러한 사정을 임금께 말씀드리고 싶지만, 이는 경망스러운 것 같으니 저를 허물하고 타일러 주시고 속히 좋은 말[馬]을 보내 주시면 다행이겠습니다.

그밖에 한 번 계사(啓辭)한 것을 받았고, 거듭 통역관 2명을 얻어 필요하신 분께 보내 드립니다. 배신(陪臣)을 또한 바꾸어야 할 것입

---

84) ▨領 : 저본에는 결락된 글자이지만, 1934년 5월 조선사편수회(朝鮮史編修會)에서 간행한 《당장서첩(唐將書帖)》에 의거하여 '領' 자를 추가하였다.
85) ▨▨[堪爲] : 저본에는 결락된 글자이지만, 1934년 5월 조선사편수회(朝鮮史編修會)에서 간행한 《당장서첩(唐將書帖)》에 의거하여 '堪爲'를 추가하였다.
86) ▨[才] : 저본에는 결락된 글자이지만, 1934년 5월 조선사편수회(朝鮮史編修會)에서 간행한 《당장서첩(唐將書帖)》에 의거하여 '才' 자를 추가하였다.
87) 사체(事體) : 일의 이치와 당사자의 체면을 이른다.

니다. 지금의 모습은 곱사와 같아서 견딜 수 없습니다.

　이제 막 주간하는 자가 왔기에 정부(政府)의 유노(柳老)께 편지를 드립니다.

　시생(侍生) 심유경(沈惟敬)은 절합니다.[88]

---

88) 저본에는 심유경의 편지와 다음 낙상지의 편지가 한 면에 같이 편첩되어 있다.

19. 낙상지(駱尙志)의 편지

故土祝彼民悅醽醁⋯⋯燮理頗緩百工聽命之際何遽⋯貴恙而邁⋯憊我國事卵料古人天相蔑愈可待須寬心調理為之弗貲貴國主倚佐江山之重望耳此地山川形勝昨已畧觀大槩但未細玩候公少愈請敎何如特此附候不盡

生 駱尙志 拜

【탈초】
故土初復 民物漸歸▨▨[正當][89] 燮理頹綱 百工聽命之際 何
遽▨貴恙 而過▨[于][90]憂國也耶 料吉人天相 獲愈可待 須寬心調理
爲上弗負
貴國主倚佐江山之重望耳 此地山
川形勝 昨已略觀大槪 但未細玩 俟
公少愈 請敎何如 特此附
候 不盡
侍生駱尙志拜

【국역】
옛땅을 회복하여 백성들은 점점 정상으로 돌아오고 무너진 강상(綱常)이 정돈되며 모든 관원이 명을 듣는 이때, 어찌 갑작스럽게 공께서 병이 드셨다고 하니 지나치게 나라를 걱정하는 데서 생긴 것이 아니겠습니까? 길인(吉人)은 하늘이 도우니 낫기를 기다리면 될 것입니다. 모쪼록 마음을 느긋하게 가지시고 조리하시면서 위로 귀국(貴國)의 임금이 의지하심과 강산의 간절한 희망을 저버리지 마십시오.

이 땅의 빼어난 산천을 지난번 대략 보기는 했지만 아직 자세히 음미하지 못하였습니다. 공께서 조금 낫기를 기다렸다가 가르침을 청할 것이니 어떻습니까? 특별히 이렇게 안부편지를 부치고 이만 줄입니다.

시생(侍生) 낙상지(駱尙志)는 절하고 편지를 올립니다.

---

89) ▨▨[正當] : 저본에는 결락된 글자이지만, 1934년 5월 조선사편수회(朝鮮史編修會)에서 간행한 《당장서첩(唐將書帖)》에 의거하여 '正當'을 추가하였다.
90) ▨[于] : 저본에는 결락된 글자이지만, 1934년 5월 조선사편수회(朝鮮史編修會)에서 간행한 《당장서첩(唐將書帖)》에 의거하여 '于' 자를 추가하였다.

당장서첩(唐將書帖)
곤(坤)

1. 아무개의 편지

啓

辱承使至存問知
賢相用情于僕也多矣感謝〻僕扯病伏枕日
就湯藥每懷減瘉之志而無起舞之能當事輙
持目擊時艱徒自熱中而已
足下文武全才忠貞戀著當此亂後餘黎文故
當修武亦當備堅甲利兵不數月民知親上死長
縱有侵凌之變何足畏哉僕為病魔所苦百事俱

廢遼 當事檄使至營索倭器甚急顧僕自箕
城戰後一無所得玆坐使守購將何以應情不
得已差人持布至
貴營中允有所得者乞
留神代貿數柄以了此前件倘得遂願
足下高情訐直令人感佩已耶謹槠附
戀統惟
原炤不盡

名別具

【탈초】

啓

辱承使至存問 知
賢相用情于僕也多矣 感謝感謝 僕抱病伏枕 日
就湯藥 每懷滅寇之志 而無起舞之能 當事執
持 目擊時艱 徒自熱中而已
足下 文武全才 忠貞懋著 當此亂後餘黎 文故
當修 武亦當備 堅甲利兵 不數月 民知親上死長
縱有侵凌之變 何足畏哉 僕爲病(麽)[魔]⁹¹⁾所苦 百事俱
廢 適當事檄使至營 索倭器甚急 顧僕自箕
城 戰後一無所得 玆坐使守購 將何以應情 不
得已差人持布至
貴營中 凡有所得者 乞
留神代貿數柄 以了此前件 倘得遂願
足下高情 詎直令人感佩已耶 謹椸附
懇 統惟
原炤 不盡
名別具

【국역】

아룁니다.

심부름꾼이 와서 안부를 물어주심을 받고 어진 재상께서 저에게 관심을 기울여 주신 것이 많다는 것을 알았으니 감사합니다. 저는 병을 안고 자리에 누워 날마다 탕약을 먹고 지내고 있으면서 늘 왜

---

91) (麽)[魔] : 저본에는 '麽'라고 되어 있지만, 1934년 5월 조선사편수회(朝鮮史編修會)에서 간행한 《당장서첩(唐將書帖)》에 의거하여 '魔'로 바로잡았다.

적을 없앨 뜻을 품고는 있지만 일어나 춤출[92] 능력이 없습니다. 일을 맡아서는 고수하여 시국의 어려움을 목격하니, 다만 절로 초조하여 열이[93] 날 뿐입니다.

족하는 문무를 겸비한 재주로 충정이 성대하게 드러났습니다. 이 난리를 당한 이후 남은 백성들이 지금 문(文)을 닦고 무(武)도 마땅히 갖추어 갑옷을 견고히 하고 무기를 예리하게 한다면 몇 달도 되지 않아 백성들이 윗사람을 친애하고 어른을 위해서 목숨을 바칠 것을 알 것이니, 비록 침범으로 능욕의 변고를 당한다고 하더라도 무엇을 두려워하겠습니까?

저는 병마(病魔)로 고초를 당하여 모든 일을 함께 그만두었습니다. 마침 책무를 맡은 격문(檄文)을 가진 사신이 군영에 도착하여 왜적들의 기물을 찾는데 몹시 급급하다고 하였습니다. 저는 평양에서 전란이 일어난 뒤로는 하나도 찾아낸 것도 없이 이렇게 가만히 앉아서 지키고 구매하도록 했다고 하니 장차 무슨 수로 정황에 대응하려 하십니까? 부득이 차인(差人)[94]에게 포(布)를 가지고 귀 영중(營中)[95]으로 가게 하였습니다.

무릇 찾아낸 것이 있으면 유념하시어 대신 몇 자루를 사서 앞에서 말한 것을 마무리하려고 합니다. 만약 저의 바람을 이루어 주신다면 족하의 정의(情誼)가 어찌 다만 사람을 감격하여 잊지 않게 할 뿐이겠습니까? 삼가 편지에 간절함을 부쳐 보내니 살펴보아 주시기 바라며 이만 줄입니다.

이름은 별지에 적었습니다.

---

92) 일어나 춤출 : 원문은 '起舞'. 지사(志士)가 때에 맞추어 분발함을 이른다.
93) 초조하여 열이 : 원문은 '熱中'. 《맹자(孟子)》〈만장 상(萬章上)〉에 "벼슬하면 임금을 사모하는데 군주에게 신임을 얻지 못하면 마음이 초조하여 가슴속에 열이 난다.[仕則慕君 不得於君則熱中]"라는 구절에 대한, 주희집주(朱熹集注)에는 "열중(熱中)은 조급하여 마음에서 열이 나는 것이다.[熱中 躁急心熱也]"라고 하였다.
94) 차인(差人) : 관아에서 임무를 주어 파견하던 사람을 이른다.
95) 영중(營中) : 병영(兵營)이나 진영(鎭營)의 안을 이른다.

2. 아무개의 편지

啓

不佞此来不意

明公尊體違和已致事機坐失

顧軍門及不佞深爲

貴國之安危有此力諍而何

諸公反左譴之是以遷延至此不佞自

罹惡疾今雖獲生尚未全可兼遭二

丁之喪餘皆抱病而歸堂樂于来乃

不得已也幸

公諒之不得一悟但於心終自不安謹

專人代

謝夫何又叨扇筆之惠

公之情何殷殷也馬首西向何勝瞻

戀通官囬另行修啓不一

名具正幅

左冲

【탈초】

啓

不佞此來 不意

明公尊體違和 已致事機坐失

顧軍門及不佞 深爲

貴國之安危 有此力諍 而何

諸公 反左疑之 是以遷延至此 不佞自

罹惡疾 今雖獲生 尙未全可 兼遭二

丁之喪 餘皆抱病而歸 豈樂于來 乃

不得已也 幸

公諒之 不得一(悟)[晤]96) 但於心 終自不安 謹

專人代

謝 夫何又叨扇筆之惠

公之情 何殷殷也 馬首西向 何勝瞻

戀 通官回 另行修啓 不一

名具正幅

左冲

【국역】

아룁니다.

제가 이곳에 오자 뜻밖에 명공(明公)97)의 존체(尊體)98)에 병이 나

---

96) (悟)[晤] : 저본에는 '悟'로 되어 있지만, 1934년 5월 조선사편수회(朝鮮史編修會)에서 간행한 《당장서첩(唐將書帖)》에 의거하여 '晤' 자로 바로잡았다.
97) 명공(明公) : 명성과 지위를 갖춘 사람에 대한 존칭이다. 《동관한기(東觀漢記)》〈등우전(鄧禹傳)〉에 "명공께서 비록 호위하고 보좌하신 공을 세웠지만 오히려 성립한 것이 없다고 걱정하였다.[明公 雖建藩輔之功 猶恐無所成立]"라는 구절이 있다.

서 이미 일의 기회를 앉아서 잃고 말았습니다. 돌아보건대 군문(軍門)과 저는 귀국(貴國)의 안위를 위하여 힘껏 간언하였는데, 어찌하여 제공들은 도리어 좌시하고 의심한단 말입니까? 그래서 이렇게까지 시일을 끌고 있습니다.

저는 악질에 걸렸다가 지금은 비록 살아나기는 했지만 아직 완전히 낫지도 않았는데, 아울러 형제[99]의 상까지 당하였습니다. 나머지는 모두 병을 안고 돌아갔으니 어찌 즐거워서 왔겠습니까? 마지못해 온 것입니다. 공께서 헤아려 주기를 바랍니다. 한번 만나 뵙지도 못해 다만 마음이 끝내 편치 않아 사람을 보내 대신 사례합니다.

어찌하여 또 외람되이 부채와 붓을 내려 주시는지요? 공의 마음은 어찌 이리도 정이 도타우십니까? 말머리를 서쪽으로 향하니 그리운 마음 이길 수 없습니다. 통역관이 돌아오면 따라 수계(修啓)[100]를 행하겠습니다. 일일이 적지 않겠습니다.

이름은 정폭(正幅)에 적었습니다.

좌충(左沖).

---

98) 존체(尊體) : 서간문에서 쓰는 상대방의 신체에 대한 경칭이다. 주희(朱熹) 〈답여백공서(答呂伯恭書)〉에 "요사이 삼복더위가 심한데 존체가 날로 더욱 편안하시리라 생각합니다.[此日庚伏暑盛 竊計尊體 日益淸安矣]"라는 구절이 있다.
99) 형제 : 원문은 '二丁'. 원래는 북송 때 정종신(丁宗臣)과 정옥신(丁宝臣) 형제를 아울러 이르는데, 두 사람 모두 문장으로 이름이 나서 당시 '이정(二丁)'이라고 불렀다. 여기서는 형제를 이르는 것으로 추정된다.
100) 수계(修啓) : 보고할 내용을 정리하여 계문(啓文)을 작성하는 것을 이른다.

3. 아무개의 편지

啟
蕭老先生回時有行李頓平壤今
差家人來遼及信文與舊官杜
榮赴彼取獎
相國獎文于彼申發付來官尤見
存注于
蕭公非惟
蕭公感

愛在事者亦知感矣敝管軍器惟
國王咨催發至今一無所報故物假
借轉移之間尚六月月閣矣躭誤
戰守計莫此為甚不佞不足為輕
重其如
貴邦之事何似當同心共濟協力袪
除凶孽經事者置之度外未宣有
也再咨

國王又慮繁文
相國留心焉不俟老矣病矣雖已告罷
貴邦未了之孼無時無日不在胷臆間
雖去然鄙心未忘
貴邦之事業也憂此代
聞書去神隨不盡欲言
　　　名正具
　　冲

【탈초】

啓
蕭老先生回時 有行李頓平壤 今
差家人來遼 及信文與舊官杜
榮 赴彼取發
相國 發文于彼中 發付來官 尤見
存注于
蕭公 非惟
蕭公感
愛 在事者 亦知感矣 敝營軍器 准
國王咨催發 至今一無所報 故物假
借轉移之間 尙六月月閱矣 耽誤
戰守計 莫此爲甚 不佞不足爲輕
重 其如
貴邦之事何 似當同心共濟 協力祛
除凶孽 經事者 置之度外 未宜有
也 再咨
國王 又慮繁文
相國留心焉 不佞老矣病矣 雖已告罷
貴邦未了之孽 無時無日 不在胸臆間
雖去 然鄙心未忘
貴邦之事業也 虔此代
聞 書去神隨 不盡欲言
名正具
冲

【국역】

아룁니다.

소노선생(蕭老先生)101)이 돌아올 때 평양에서 여장을 풀었습니다. 집에서 보낸 사람이 요동(遼東)에서 와서 신문(信文)102)과 옛 관원인 두영(杜榮)103)에 관하여 언급하기에 그곳으로 가서 취발(取發)104)하였고, 상국(相國)께서 그곳으로 문서를 보내고 왔던 관원에게 증서를 발행하였습니다. 더욱이 소공께 마음을 써 주시니 소공께서도 감사해할 뿐만이 아니라 일을 주관하는 관원도 은혜에 감격하였습니다.

저희 군영의 무기는 국왕께 자문(咨文)105)에 따라 서둘러 출발하였는데, 지금까지 하나도 보고가 없었습니다. 그래서 물건을 빌리거나 옮겨가는 기간이 거의 6개월이 다 지났습니다. 시간을 지체하여 공격하고 수비하는 계책을 그르치는 것은 이보다 더한 것이 없습니다. 제 말이 영향을 끼치지는 않겠지만 귀국(貴國)의 일을 어찌하겠습니까?

마땅히 합심하여 함께 일을 이루고 힘을 합해 흉악한 재앙을 없애야 할 듯한데, 경험이 있는 자를 염두에 두지 않는 것은106) 마땅

---

101) 소노선생(蕭老先生) : 소응궁(蕭應宮, 1544~?)을 이른다. 자는 백화(伯和)이고, 호는 관복(觀復)이며, 직례(直隷) 소주부(蘇州府) 상숙현(常熟縣) 사람이다. 1574년에 진사가 되어, 1597년 7월에 해방병비(海防兵備) 산동 안찰사(山東按察使)로 출정하였다. 당시 심유경(沈惟敬)이 죄에 걸려 붙잡혀 가자, 응궁이 유경을 구해주려다가 요동순안어사(遼東巡按御史)의 탄핵을 받고 삭직되어 9월에 돌아갔다.
102) 신문(信文) : '인신문권(印信文券)'의 줄임말로, 관인이 찍힌 공문서를 이른다.
103) 두영(杜榮, ?~?) : 임진왜란에 참여한 명나라 장수로, 어떤 사람인지 자세하지 않다.
104) 취발(取發) : 필요에 맞추어 물자나 인력을 공급하는 것을 이른다.
105) 자문(咨文) : 중국과 주고받던 외교 문서의 하나이다.
106) 염두에 …… 것은 : 원문은 '置之度外'. 《후한서(後漢書)》〈외효전(隗囂傳)〉에 "황제가 군대에서 고생을 많이 하였는데, 외효가 아들을 보내 안에서 모시게 하고 공손술이 멀리 변경을 점거하고 있다 하여 마침내 장수들에게 '우선 이 두

치 않습니다. 거듭 국왕께 자문하여 또 예의를 번거롭게 하니 상국께서는 유념하십시오.

저는 늙고 병들어 비록 사직을 아뢰었지만 귀국의 끝나지 않은 재앙이 언제나 가슴속에 있지 않음이 없습니다. 제가 비록 떠나더라도 제 마음은 귀국의 사업을 잊지 못하겠습니다. 삼가 이렇게 대한 말씀을 드립니다. 편지를 보내니 마음도 따라갑니다. 하고 싶은 말을 다하지 못합니다.

이름은 정폭(正幅)에 적었습니다.

좌충(左冲).

사람을 염두에 두지 않겠다.'라고 하였다.[帝積苦兵間 以囂子內侍 公孫述 遠據邊陲 乃謂諸將日 且當置此兩子於度外耳]"라는 구절이 있다.

4. 왕필적(王必廸)의 편지

啓

幕服生王必廸再拜

昨寓八營曾具尺一申候諒瑩
記室笑十月初參日倭犯安康本營防守慶州
勢不容于不援距州北參拾里許遇賊截殺衆
寡不敵彼此多傷本營陣亡官兵貳百壹拾陸
員名丁壯之夫橫羅鋒刃情實可憐第不能代
貴國殲滅賊寇久戍于此秖增汗顏史箱順袋
已收另跟役夫裌褲物件尚未見
擷已崙役夫頒慶此布
歉不盡悰悰　外上好大樣花蓆乞代多
尋數條其價容奉償也特懇

【탈초】

朞服生 王必廸 再拜

啓

昨寓八莒 曾具尺一申候 諒登

記室矣 十月初參日 倭犯安康 本營防守慶州

勢不容于不援 距州北參拾里許 遇賊截殺 衆

寡不敵 彼此多傷 本營陣亡官兵貳百壹拾陸

員名 丁壯之夫 橫罹鋒刃 情實可慘 第不能代

貴國殲滅賊寇 久戍于此 祗增汗顔 皮箱順袋

已收 另跟役褡襫物件 尙未見

擲 已耑役走領 虔此布

謝 不盡惓惓 外上好大樣花蓆 乞代多

尋數條 其價容奉償也 特懇

【국역】

　　기복생(朞服生) 왕필적(王必廸)은 재배하고 아룁니다.
　　지난번 팔거(八莒)[107]에 우거하고 있을 때 편지를 보내 한번 안부를 여쭌 적이 있었는데 당신께서 헤아려보셨을 것입니다. 10월 3일 왜구들이 안강(安康)[108]을 침범하였는데 본영이 경주를 지키고 있어서 구원하지 않을 수 없는 상황이었습니다. 경주 북쪽으로 30리쯤 떨어져 있으면서 적을 만나 길을 가로막고 죽였지만 적은 군사로 많은 적을 상대할 수 없었습니다. 서로 피해가 많아 본영의 전사한 관병(官兵)은 216명이고, 장정들도 뜻밖의 칼날에 죽어 실상이 참혹하

---

107) 팔거(八莒) : 오늘날 대구광역시 북구 칠곡동(漆谷洞)에 있던 지명이다.
108) 안강(安康) : 오늘날 경상북도 경주시에 있는 고을 이름이다.

였습니다. 다만 귀국(貴國)을 대신하여 왜구를 섬멸하지 못하고 오래도록 이곳에서 지키고 있으니 부끄러워 얼굴에 땀만 납니다.

　　가죽 상자와 순대(順袋)[109]는 이미 받았고 특별히 수행하는 사람[110]의 전대 물건은 아직 받지 못하다가 이미 심부름꾼이 달려가 수령하였으니, 삼가 이에 감사드리며 간절한 마음을 다 표현하지 못하겠습니다. 그 밖에 질 좋고 큰 화석(花蓆)은 대신하여 여러 조(條)를 구해주십시오. 그 값은 갚아 드리겠습니다. 매우 간절히 바랍니다.

---

109) 순대(順袋) : 말 등에 실을 수 있는 두 개의 구멍이 있는 한 종류의 큰 주머니를 이른다.
110) 수행하는 사람 : 원문은 '跟役'. 관리의 마차나 가마 따위를 따라가는 수행원을 이른다.

5. 아무개의 편지

揭帖

標下旗牌官張六三

為公論難明小人謗謗以別効尤以厲人心事切六原係駱副將

標下旗牌因去年正月間攻克平壤得級二顆賊見斬首趕來被傷

両腿力戰數人早從日暮叩營口吐鮮血両脇疼痛伏枕號呼數

月署愈而命進多舛又遭時疾在八菩卧晼歲除不期撥

鎮六形如枯骨弱體難以隨當即蒙駱副爺給票仰各驛

供應僅存生命不逾時而

劉總爺移營南原任創杖擅殘喘至彼極蒙

劉總爺情如父子照常支給等等周全至五賞間稍愈欲留此

耀雲事久思離家日久思歸亦切家有七旬父母幼子嬌妻倚門
懸望目斷雲霓告辭賜票四月間至王京有練兵官是同鄉
親友往往同任旬日之間遷兵部李尚書來棧偶過同談講其軍
旅頗請樂聞有方武備而超群出眾教兵而練藝過人彼云我國
板蕩亦無智深識遠以救倒懸之善問極三歎留足下暫救生
靈懇禱之誠猶如三顧為國求賢追尋月下六見懇懇眷戀
知遇隆厚刮心應允則無辭志苦効用意在策勳少伸宿志何分
異國傳言李堂官通事重加供應優異非常傍有申翰林趙侍郎
勸留忻然得此藝精之革少助國威實邦家之洪福依命教練
武藝數月而李尚書丁憂辭闕守制而分袂拳拳耿耿丁寧不

可憫弛是有憋別重報也不料小人進則大事不成譖言讒作謗
設交典則將支給口粮革去不容久任王京呑声月餘工白方行六
非嚅嗳之徒貪婪之輩屢克有功一於朝廷出力二於本國尚成
厚可忍言不可忍也而慕與者求者皆為國家筆囙無塗炭之
艱則謗者譖者芶竊利祿肥已無揿民救溺之心恭聞
閤下才識宏猷學貫尺神贊萬機而民心悦服理軍務而士卒歡騰
六仰望之心益切龍新裏曲恰深則六無顧收之能非有管樂
之賢致誤事機無顏久恋西歸在即覲面告辭訓藝三月有餘
少有感動幽愚不明徒為慞愲意歙仰叩

陛庭剖瀝愚衷以仲心逐以別勁凢離無名而有甄別之死得瞑目六

陛下召出以理軍務可保萬姓之無虞所有憂服且今亂世之際邦國

日夜思維非李尚書不能練將撮兵轉啓

多難妖氛未息而先盡忠而後盡孝所謂家貧思賢妻國

亂思良相況李尚書謀猷識慮力練老成如予房定高祖之洪業

赤心貫日為國忠貞如周公助成王之浩業當用屬精求治之

時進賢退奸之際愚人蓁蕘不識進退少所惘惶捽撡迂

闊之言望乞

閣下甄別以安人心可黙謐說之徒則國家萬民幸甚而調燭

詳察焉

【탈초】

揭帖

標下旗牌官張六三

爲公論難明 小人讒謗 以別効尤 以勵人心事切 六原係駱副將
標下旗牌 因去年正月間 攻克平壤 得級二顆 賊見斬首趕來 被傷
兩腿 力戰數人 早從日暮回營 口吐鮮血 兩脇疼痛 伏枕號呼 數
月略愈 而命途多舛 又遭時疾 在八莒臥炕 歲除不期撤▨
鎭 六形如枯骨弱體 難以隨營 卽蒙駱副爺給票 仰各驛站
供應 僅存生命 不逾時而
劉總爺移營南原 住箚扛擡 殘喘至彼 極蒙
劉總爺情如父子 照常支給等等周全 至正月間稍愈 欲留許
牌管事 六思離家日久 思歸亦切 家有七旬父母幼子嬌妻 倚門
懸盼 目斷雲霓 告辭賜票 四月間 至王京 有練兵官 是同鄉
親友 拉六同住旬日之間 適兵部李尙書來探 偶遇同談 講其軍
旅 頗諳禦敵 有方武備 而超群出衆 教兵而練藝過人 彼云我國
板蕩 亦無智深識遠 以救倒懸之苦 悶極悶極 欲留足下 暫救生
靈懇禱之誠 猶如三顧 爲國求賢 追尋月下 六見慇懃眷戀
知遇隆厚 剖心應允 則無辭志 圖効用意在策勳 少伸宿志 何分
異國傳言 李堂官通事 重加供應 優異非常 傍有申翰林趙侍郎
勸留忭 然得此藝精之輩 少助國威 實邦家之洪福 依命敎練
武藝數月 而李尙書丁憂 辭闕守制而分袂 拳拳耿耿 丁寧不
可懈弛 是有甄別重報也 不料小人 進則大事不成 讒言議作 謗
諛交興 則將支給口粮革去 不容久住王京 吞聲月餘 上白方行 六
非哺啜之徒 貪婪之輩 屢克有功 一於朝廷出力 二於本國圖成
辱可忍 言不可忍也 而慕與者求者 皆爲國家鞏固 無塗炭之
艱 則謗者讒者 苟竊利祿肥己 無拯民救溺之心 恭聞

閣下 才識宏猷 學貫天神 贊萬機 而民心悅服 理軍務 而士卒歡騰
六仰望之心益切 覿顔訴衷曲猶深 則六無頗牧之能 非有管樂
之賢 致誤事機 無顔久戀 西歸在卽 覿面告辭 訓藝三月有餘
少有成効 而幽燭不明 徒爲愷悌 意欲仰叩
殿庭 剖瀝愚衷 以伸心迹 以別効尤 雖無名而有甄別之名 死得瞑目 六
日夜思維 非李尙書 不能練將操兵 轉啓
殿下召出 以理軍務 可保萬姓之無虞 所有憂服 且今亂世之際 邦國
多難 妖氛未息 而先盡忠而後盡孝 所謂家貧思賢妻 國
亂思良相 況李尙書 謀猷識遠 力練老成 如子房定高祖之洪基
赤心貫日 爲國忠貞 如周公助成[王]¹¹¹⁾之浩業 當用厲精求治之
時 進賢退奸之際 愚人莽戀 不識進退 少祈悃愊 採擇迂
濶之言 望乞
閣下 甄別以安人心 可黜讒諛之徒 則國家萬民幸甚 而洞燭
詳察焉

【국역】

게첩(揭帖)

　　표하(標下) 기패관(旗牌官)¹¹²⁾ 장육삼(張六三)¹¹³⁾에 대한 공론은 밝히기 어렵지만 소인들이 참소하고 비방하여 나쁜 짓을 본받으니 인심을 격려하는 일이 절박합니다. 저는 원래 낙부장(駱副將)¹¹⁴⁾ 표하(標下)의 기패관이었습니다.

---

111) [王] : 저본에는 글자가 누락되었지만, 문맥을 살펴 '王'으로 바로잡았다.
112) 기패관(旗牌官) : 군영에 달린 장교의 하나이다.
113) 장육삼(張六三, ?~?) : 임진왜란에 참여한 명나라 장수로, 어떤 사람인지 자세하지 않다.
114) 낙부장(駱副將) : 낙상지(駱尙志)로 추정된다.

지난해 정월쯤에 평양을 공격하여 이기고 두 명의 적을 목 베었습니다. 적들이 참수하는 것을 보고 달려드는 바람에 양쪽 다리에 부상을 입었지만 몇 사람과 힘써 싸웠습니다. 일찍이 날이 저물어 군영으로 돌아와 피를 토하고 양쪽 옆구리가 아파 침상에 엎드려 울부짖었습니다. 몇 달이 지나 조금 낫기는 했지만 운명에 어긋남이 많아 또 시질(時疾)[115]로 팔거(八莒)에서 구들에 누워 있지만 섣달 그믐날이 되어도 진정될 기미도 보이지 않습니다.

저는 마르고 약한 몸으로 군영을 따르기 어려웠는데, 낙부야(駱副爺)께서 표문을 발급해 주시는 은혜를 입어 각 역참에서 물품을 공급받아 겨우 목숨을 부지할 수 있었습니다. 얼마 지나지 않아 유총야(劉總爺)[116]께서 남원(南原)으로 군영을 옮기는 바람에 잠시 머무는 곳으로 사람들의 손에 옮겨져 남은 목숨을 겨우 부지하고 그곳에 도착하여 유총야(劉總爺)께서 부자(父子)와 같은 정으로 관례대로 지급하는 등 갖가지로 도와주었습니다.

정월쯤 되자 병이 조금 나아 머물며 기패관(旗牌官)의 일을 허락하려 했었지만 제가 집을 떠나온 지 오래되어 고향으로 돌아가고 싶은 마음 또한 간절하였습니다. 집에는 칠순의 부모님과 어린 자식과 아내가 문에 의지해 기다리며 구름과 무지개[117]를 아득히 바라보고 있습니다. 사직을 아뢰자 표문(票文)을 내려 4월쯤에 서울에 도착하니 연병관(練兵官)은 같은 고향의 친구였는데 저를 데려가 열흘쯤을 함께 묵었습니다. 마침 병부(兵部) 이상서(李尙書)가 찾아와 우연히

---

115) 시질(時疾) : 계절에 따른 유행병을 이른다.
116) 유총야(劉總爺) : 명나라 장수 유정(劉綎, 15??~1619)을 이른다. 자는 성오(省吾)이다.
117) 구름과 무지개 : 원문은 '雲霓'. 간절히 바라는 것을 이른다. 《맹자(孟子)》〈양혜왕 하(梁惠王下)〉에 "백성들이 고대하기를 큰 가뭄에 운예를 고대하듯 하였다.[民望之 若大旱之望雲霓也]"라는 구절에서 유래하였다.

만나 함께 이야기하며 군대에 관하여 강론해보니, 적을 방어하는 것에 관하여 상당히 잘 파악하고 있었습니다. 무비(武備)도 출중하였고, 병사를 가르치고 훈련된 무예가 남보다 뛰어났습니다.

그는 "우리나라는 혼란하고 또 깊은 지략과 원대한 식견을 가진 사람이 없어서 거꾸로 매달린 듯한 고통스러운 상황을 구제하려고 하니 매우 걱정입니다. 족하에게 머물러 잠시나마 백성들을 구원하는 간절하고 기도의 정성을 삼고(三顧)[118]처럼 하고, 나라를 위해 어진 인재를 구하려고 달빛 아래에서도 찾아다녀야 할 것입니다."라고 하였습니다.

저는 은근한 사랑을 입었고 저를 알아주심이 융숭하고 두터웠습니다. 진심으로 승낙한다면 사직할 뜻 없이 공을 세울 것을 도모하여 책훈(策勳)에 마음을 쓰면서 조금이나마 오랫동안 가졌던 뜻을 펼치려 하니, 어찌 다른 나라라고 하여 나누어 말씀을 전하겠습니까? 이당관(李堂官) 통사(通事)가 더욱더 물품을 공급하며 특별한 대우해 주었습니다. 곁에 신한림(申翰林)과 조시랑(趙侍郎)이 있어 머물러 기뻐하기를 권하였습니다. 그러나 이처럼 기예가 정민한 무리를 얻어 조금이나마 나라의 위엄에 도움이 된다면 실로 나라의 큰 복입니다.

명하신 대로 몇 달 동안 무예를 교련하였는데, 이상서가 부모님의 상을 당하여 대궐에서 물러나 수제(守制)[119]하느라 이별하니 매우 서운한 마음이 간절하니, 사람을 명확히 선발하여 중하게 보답해야

---

118) 삼고(三顧) : '삼고초려(三顧草廬)'의 줄임말로, 후한 말에 제갈량(諸葛亮)이 남양(南陽) 융중(隆中) 땅에서 초옥(草屋)을 짓고 농사지으며 은거하고 있다가, 세 번이나 그곳을 찾아온 유비(劉備)의 정성에 감동하여 세상에 나온 고사를 이른다.

119) 수제(守制) : 상중에서 상제(喪制)를 지켜 행하는 것을 이른다. 거상 기간에는 교제·혼인·응시(應試) 등을 하지 않으며, 벼슬아치는 사직한다.

합니다. 소인을 헤아리지 못하고 벼슬하게 한다면 큰일을 이룰 수 없고 참소의 말이 의론이 되고, 비방과 아첨이 번갈아 일어나면 장차 지급되는 식량이 사라져 서울에 오랫동안 머물 수 없게 됩니다. 한 달 남짓 목소리를 삼키다가 분명하게 말씀드립니다.

저는 남의 음식을 염치없이 먹고 마시는 무리가 아니고 욕심이 많은 무리도 아니며 여러 번의 공이 있습니다. 첫째는 조정에 힘을 쏟았고, 둘째는 본국에 성공을 도모하였으니, 욕됨은 참을 수 있지만 말은 참을 수 없습니다. 위아래가 모두 나라를 공고히 하여 도탄에 빠지는 어려움이 없도록 하려는 것이니, 비방하는 자와 참소하는 자는 구차하게 몰래 이익과 작록을 훔쳐 자신을 살찌우고 백성을 구제하고 도탄에 빠진 이를 구제하려는 마음이 없습니다.

삼가 듣건대 합하께서는 재주와 식견과 큰 계책이 있고 학문은 천신(天神)을 꿰뚫었으며 만기(萬機)[120]를 도우면 민심은 기쁜 마음으로 복종하고, 군무를 다스리면 사졸들은 매우 기뻐할 것입니다. 저는 우러러 바라는 마음이 더욱 간절하여 만나서 저의 진심을 하소연하고 싶은 마음이 더욱 깊습니다. 저는 파목(頗牧)[121]과 같은 능력이 없고 관악(管樂)[122]과 같은 어짊은 없어 일의 기틀을 그르쳐 오랫동안 그리워하는 마음에 면목이 없습니다. 서쪽으로 돌아가는 즉시 만나 뵙고 사직을 아뢰겠습니다.

3개월 남짓 무예를 훈련시켜 조금이나마 결과를 이루기는 했지만 아득한 촛불은 밝지 않고 다만 화락하기만 합니다. 제 뜻을 조정에

---

120) 만기(萬幾) : 만사의 기미를 조심함을 이른다. 후대에 제왕이 일상적으로 처리하는 번잡한 정무를 이른다.
121) 파목(頗牧) : 전국시대 변방을 지키던 명장인 염파(廉頗)와 이목(李牧)을 아울러 이른다.
122) 관악(管樂) : 춘추시대 제나라 명재상인 관중(管仲)과 전국시대 연나라 명장인 악의(樂毅)를 아울러 이른다.

아뢰고 충심을 드러내어 심정을 펴고 공(功)과 허물을 구별하고 싶습니다. 비록 명예는 없지만 인재를 잘 선발하였다는 명예라도 있다면 죽어도 눈을 감을 수 있겠습니다.

저는 밤낮으로 생각건대 이상서가 군사를 조련하지 못하는 건 아니지만 전하께 전계(轉啓)123)하여 불려 나가 군무를 다스려 만백성을 보호하여 걱정이 없게 할 수 있었는데 부모님의 상을 당하였습니다. 또 지금 어지러운 세상에 나라에 어려움이 많은데 요망한 기운이 그치지 않고 있습니다. 먼저 충성을 다하고 이후에 효도를 다하니, 이것이 이른바 "집안이 가난하면 어진 아내를 생각하고, 나라가 어지러우면 어진 재상을 생각한다."124)라고 하였는데, 더구나 이상서는 계책과 식견이 원대하고 군사를 단련하는 노성함이 마치 장자방(張子房)125)이 한고조(漢高祖)의 큰 기틀을 안정시켰던 것과 같고 해를 꿰뚫는 나라를 위한 충정은 주공(周公)126)이 성왕(成王)의 큰 업을 도운 것과 같습니다.

마땅히 정신을 가다듬어 잘 다스려야 할 때이고 어진 사람을 벼슬에 나아가게 하고 간사한 사람을 물리쳐야 할 때입니다. 저처럼 어리석은 사람이 거칠고 경솔하여 진퇴를 모르지만 조금이나마 저

---

123) 전계(轉啓) : 다른 사람을 거쳐 임금에게 아뢰는 일을 이른다.
124) 집이 …… 생각한다 : 《통감절요(通鑑節要)》〈주기(周紀)〉에 "집안이 가난하면 어진 아내를 생각하고, 나라가 어지러우면 어진 재상을 생각한다.[家貧思賢妻 國亂思良相]"라고 하였다.
125) 장자방(張子房) : '자방'은 장량(張良, ?~B.C.186))의 자이다. 한고조(漢高祖)를 도와 항우(項羽)를 멸하고 천하 통일을 이루었으며, 만년에 황로(黃老)를 좋아하여 신선 벽곡(辟穀)의 술법을 닦았다고 한다.
126) 주공(周公, ?~?) : 희단(姬旦)을 이른다. 중국 주(周)나라를 세운 문왕(文王)의 아들이자 무왕(武王)의 동생으로, 채읍(采邑)을 주(周)에 두었기 때문에 '주공'이라고 불렸다. 무왕을 도와 주(紂)를 쳐서 은(殷)나라를 멸망시키고, 무왕이 죽은 후에는 나이 어린 성왕(成王)이 제위에 오르자 섭정(攝政)이 되어 왕조의 기초를 확립하였다. 반란을 진압하고 봉건제를 실시하였으며, 예악(禮樂)의 제도를 정하는 등 나라의 기틀을 공고히 하였다.

의 진심을 아뢰니 우활한 말을 채택하시어 합하께서 뛰어난 사람을 선발하여 인심을 편안하게 해주시기 바랍니다. 아첨하는 무리를 쫓아낸다면 나라와 만백성은 매우 다행이겠으니 통촉하여 살펴주십시오.

6. 아무개의 편지

正
遼聞縈登
首輔誠
貴國有幸砥柱中流而永賴矣果不負蒼生之素望也昌勝
慶賀… 今生與賊爲隣櫵戈無息變出不常何時是了自南
原拒賊之後而營心設備機宜勞工修造將竣而調赴大丘,
八莒與 劉總府合營防禦正採寨木將完而欲成柵又爲
慶州報警率兵急奔救援動輒人先官兵怨苦嶔崛鳥道

極目邊涯暑雜寒來經年旅邸征人莫不憔傷及諸營到後
方擾山立寨或木或土成垣俱草苫棲止生因軌木調度被
樹節偶傷左腿臗眷俄湧成瘡形如小碟動履艱難痛不
可忍飲食俱廢勉強支持在此陪臣無不知見十月內倭奴突
犯慶州迤南二十里之間燒掠隨後官兵堵截不遂而遁又于
十月初三日復統大衆六路連營恣肆燒蕩迤至安康離慶州
北數十里之程係各縣運糧通衢馬得不發兵救剿生帶兵
住營寨以爲後應 吳遊府統兵前去相機拒堵彼處草深林

厚被賊誘入咽喉兩下衝殺訝料賊眾漫山塞澗而來不但無暇取級抑且損折官兵深愧無謀以致如此但生所部不滿六百安能自展庸才徒付之慨嘆雖然安康遭害幸得慶城堅堵亦可塞其責耳值今隆冬風狂地燥祝融不仁各營無不遭祿着得慶州城內地址寬廣僅可分居遠離防其不意已移入本城數日矣儻思城垣傾圯防禦甚艱意如南原修飾設備亞恐不能如是今城外已加木栅一層并壘高城梁數丈及造高聲敵臺一座

皆爲加增 式羨當此嚴寒 恐勞工役 欽在明春修理完 恐擧止不測 以愚度之 修得一事恐得一事之濟 苦瘡疾日侵 猶豫未果 諸事營心 容顏頓改 如留善後之兵 俱係倍經戰鬪之役 朝夕枕戈 身極疲憊 況地方窮苦 鹽醬蔬菜無易 精神不足 安能戀戰 胡有不思歸之嘆也 風便附候 蕪佈愚衷不盡

名具正幅

左沖

【탈초】

正

適聞榮登

首輔 誠

貴國有幸 砥柱中流而永賴矣 果不負蒼生之素望也 曷勝
慶賀慶賀 今生與賊爲隣 操戈無息 變出不常 何時是了 自南
原拒賊之後 而營心設備機宜 勞工修造將竣 而調赴大丘
八莒 與劉總府合營防禦 正採寨木將完 而欲成柵 又爲
慶州報警 率兵急奔救援 動輒人先 官兵怨苦 嶔嶇鳥道
極目邊涯 暑往寒來 經年旅邸 征人莫不慘傷 及諸營到後
方據山立寨 或木或土 成垣 俱草苫棲止 生因執木調度 被
樹節偶傷 左腿臁脊 俄爾成瘡 形如小碟 動履艱難 痛不
可忍 飲食俱廢 勉强支持 在此陪臣 無不知見 十月內 倭奴突
犯慶州 迤南二十里之間 燒掠隨發 官兵堵截 不遂而遁 又于
十一月初三日 復統大衆 六路連營 恣肆燒蕩 延至安康 離慶州
北數十里之程 係各縣運粮通衢 焉得不發兵救剿 生帶兵守
住營寨 以爲後應 吳遊府統兵前去 相機拒堵彼處 草深林
厚 被賊誘入咽喉 兩下衝殺 詎料賊衆漫山塞澗而來 不但無暇
取級 抑且損折官兵 深愧無謀 以致如此 但生所部 不滿六百 安
能自展庸才 徒付之慨嘆 雖然安康遭害 幸得慶城安堵
亦可塞其責耳 值今隆冬 風狂地燥 祝融不仁 各營無不遭祿 看
得慶州城內 地址寬廣 僅可分居遠離 防其不意 已移入本城 數日
矣 俛思城垣傾圮 防禦甚艱 意如南原修飭設備 亟恐不能如
是 今城外 已加木柵 一層竝壘 高城垜數丈 及造高聳敵臺一座
皆爲加增式樣 當此嚴寒 恐勞工役 欲在明春修理 尤恐事生
不測 以愚度之 修得一事 恐得一事之濟苦 瘡疾日侵 猶豫未

果 諸事營心 容顏頓改 如留善後之兵 俱係倍經戰鬪之役 朝
夕枕戈 身極疲憊 況地方窮苦 鹽醬蔬菜無易 情神不足 安
能戀戰 胡有不思歸之嘆也 風便附
候 兼佈愚衷 不盡
名具正幅
左冲

【국역】

　마침 영광스럽게 영의정에 올랐다는 말을 들으니, 진실로 귀국의 다행이며 지주중류(砥柱中流)[127]처럼 영원히 힘입을 것입니다. 과연 백성들의 평소 바람을 저버리지 않았으니, 경하드리는 마음을 어찌 이기겠습니까? 지금 저는 적과 이웃하고 있으면서 쉴 틈 없이 교전하고 있어 수시로 변고가 일어나니 어느 때나 끝이 나겠습니까? 남원(南原)에서 적을 방어하고 나서 대책을 갖추어 공사하여 수리와 건조를 거의 마친 상태입니다.

　대구의 팔거(八莒)로 가서 유총부(劉總府)와 군영을 합하여 적을 방어하고 지금 목책(木柵)을 만들 나무를 골라 목책을 만들려 하고 있습니다. 또 경주의 위급한 보고에 군사를 거느리고 서둘러 달려가 구원하였습니다. 모든 일을 남들보다 먼저 하는 바람에 관병(官兵)들이 원망하고 괴로워하고 있습니다. 험한 계곡과 아득한 변방에서 더위와 추위를 보내고 여저(旅邸)[128]에서 해를 보내고 있으니 출병한 군인들이 참담할 지경입니다.

---

127) 지주중류(砥柱中流) : '지주'는 중국 황하(黃河)의 하류에 있는 돌산으로, 황하 하류에 있던 모든 산이 황하에 침식되었지만 이 돌산만 우뚝 남아 있다. 이에 지절(志節)이 높은 사람을 비유하는 이르는 말로 쓰인다.
128) 여저(旅邸) : 객지에서 임시로 머무는 집을 이른다.

제영(諸營)에 도착한 후 산을 거점으로 목책을 세웠고 나무나 흙으로 담장을 만들고 이엉을 갖추어 거처하게 하였습니다. 저는 나무를 정리하다가 나무 마디에 우연히 상처를 입었고, 왼쪽 다리와 등에 갑자기 작은 접시 만한 종기가 생겨 걷기도 어렵고 통증은 참을 수 없을 지경이라 음식을 모두 먹지도 못하고 애써 억지로 버티고 있으니, 이곳에 있는 배신(陪臣)들도 모두 알고 있습니다.

10월 안에 왜군이 갑자기 경주 남쪽 20리 사이를 침범하여 곳곳을 불태우고 노략질하여 관병이 가로막아 뜻을 이루지 못하고 달아났습니다. 또 11월 3일에 다시 대군을 이끌고 육로(六路)에 군영을 연계하여 아무런 거리낌 없이 불을 질렀습니다. 안강(安康)에 이르니 경주와의 거리가 북쪽으로 수십 리 떨어진 곳으로, 각 현과 이어져 군량을 운송할 수 있도록 사방으로 통하는 곳이니, 어찌 군사를 일으켜 구원하지 않겠습니까? 제가 군사로 수비하면서 영채(營寨)에 머무르다가 뒤에서 대응하는 임무를 맡았습니다.

오유부(吳遊府)[129]가 병졸을 거느리고 먼저 가서 기미를 살피고 가로막았습니다. 그곳은 풀이 깊고 숲이 무성하여 요충지까지 적들을 유인하여 양쪽 아래에서 돌격하여 죽였으니, 적들이 수가 많은지 산의 성채와 골짜기를 채울 정도인지를 어찌 알겠습니까? 비단 적의 목을 베어 취할 겨를도 없었을 뿐 아니라 관병도 잃었으니, 아무런 계책도 없이 이러한 상황이 되고 말아 매우 부끄럽습니다. 다만 제가 거느린 병사가 6백 명도 되지 않으니, 어찌 능히 스스로 용렬한 재주를 떨칠 수 있었겠습니까? 한탄만 할 뿐입니다. 비록 안강에서 피해를 당하였지만 그래도 다행히 경주성은 안도할 수 있게 되었으니, 또한 그 책임을 메울 수 있을 뿐입니다.

지금 한겨울을 만나 바람이 세차고 땅이 건조하고 축융(祝融)[130]

---

129) 오유부(吳遊府) : 명나라 장수인 오유충(吳惟忠, 1533~1611)을 이른다.

이 어질지 않아 각 군영에서는 화재를 만나지 않을 수 없었습니다. 경주 성내를 살펴보니 터가 넓어 겨우 떨어져 살고 멀리 떨어져 지낼만하여 뜻밖의 재난을 방어하기 위해 본 성으로 옮겨 온 지 며칠이나 되었습니다.

굽어 생각해보니 성의 담장이 무너져 방어가 매우 어렵고, 마음은 남원(南原)과 같이 설비를 수리하지만 이와 같지 못할까 걱정입니다. 지금 성 밖에는 이미 목책을 한 층 쌓고 높은 성에 몇 길의 살받이를 쌓아 우뚝하게 적의 동정을 살피는 적루(敵樓)를 하나 세웠는데 모두 덧보탠 형태였습니다. 지금은 추운 겨울이라 아마도 공역이 힘들겠지만 내년 봄에 수리하려면 더욱 생각지도 못한 일이 발생할까 두렵습니다.

저는 생각건대 아마도 한 가지 고통에서 구제될 수 있을 것입니다. 창질(瘡疾)이 날마다 침입하여 치료를 미루다가 낫지도 않고 여러 가지 일로 마음을 졸이느라 모습도 바뀌었습니다. 만일 뒷수습을 잘하는 병사를 머물게 한다면 전투하는 일이 배나 늘어나는 것이니, 아침저녁 창을 베개 삼으니 몸이 매우 고달픕니다. 더구나 지역은 곤궁하고 고달프고 소금과 장, 채소도 구하기 쉽지 않으며 정신력도 충분치 않으니 어찌 계속 싸우려고 하겠으며 어찌 고향으로 돌아가고 싶은 탄식이 없겠습니까? 풍편(風便)[131]에 안부를 전하고 아울러 저의 충정을 폅니다. 이만 줄입니다.

이름은 정폭(正幅)에 적었습니다.

좌충(左冲).

---

130) 축융(祝融) : 제곡(帝嚳) 때의 화관(火官)으로, 후대에 높여서 화신(火神)으로 삼고 '축융'이라고 불렀다. 불이나 화재(火災)를 이르는 말로도 쓰인다.
131) 풍편(風便) : 풍설로 전하는 말편이라는 뜻이다.

7. 아무개의 편지

如面

父聞

令公英名而不能謁見仰愧、生原係舊
任贊畫袁主事標下千總上年
經略宋老爺贊畫袁劉二爺因
貴國二王子幷陪臣五員有韓進士名格被
倭奴擄禁咸鏡道安邊地方生等四
人卽奉差於上年二月拾伍日奮身
突入安邊倭巢數次隨說咸鏡道

之倭奴扵本月二十日即起程往王京
退其咸鏡之一道地方呪又咸川判領
官朴壤男之兵馬殺勦首級數十
顆而後又說還王子後不幸
憑恩主表主事罷職還家生等毫
無微功可嘆‥生想浙江秇此萬里
程途有如此之功毫不得之扵心何
忍後又蒙

經略宋老爺收錄標下千總向隨營報効
而令
宋老爺以進關生即帶教師家丁
十餘名俱係浙江人前往全羅見劉
總兵欲操練
貴國之兵而今未此聞知虜兵衆缺人
操練而生等頗知陣法武藝皆通可
見
以面試如生徃前劉總兵而未則徃廻

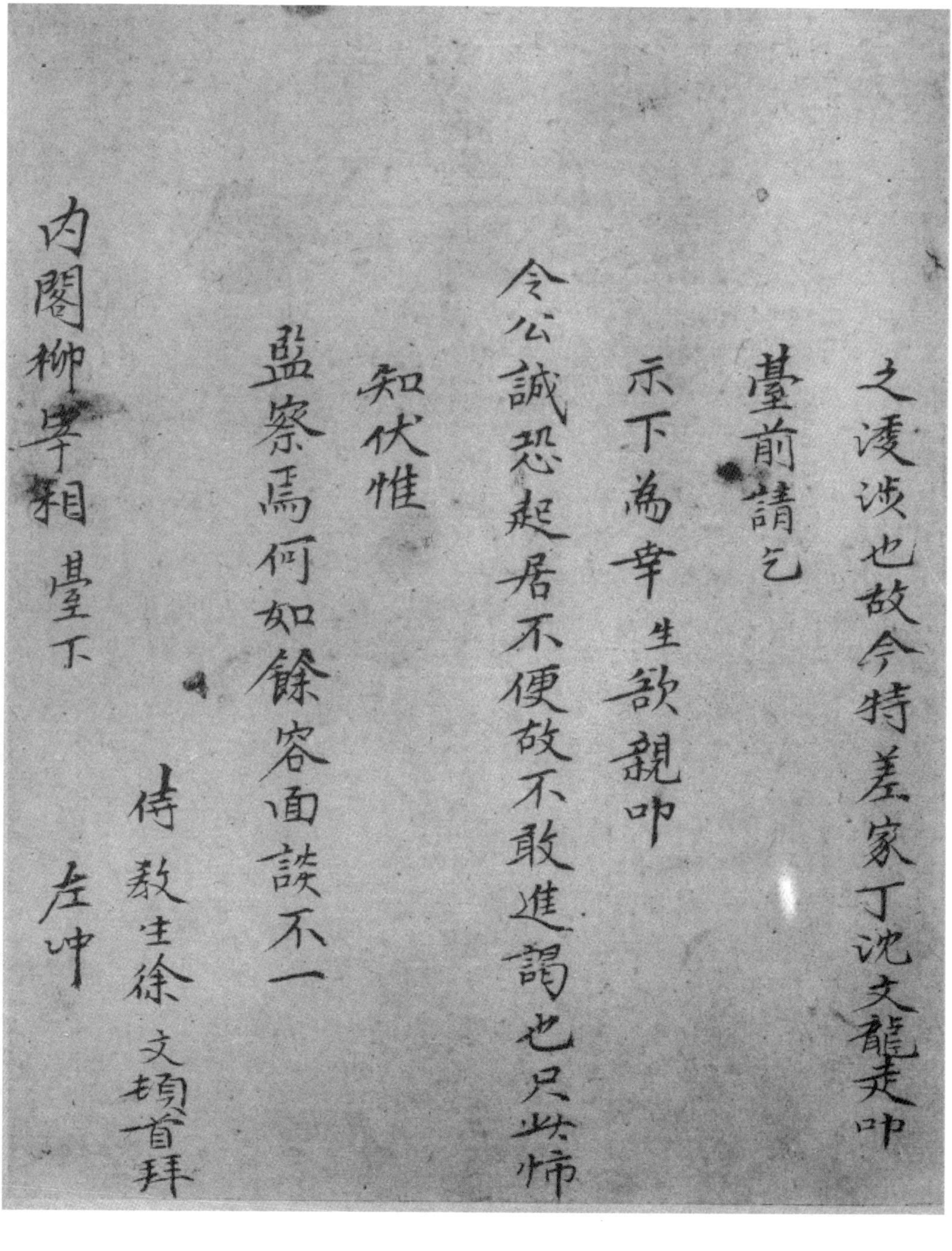

之淺淡也故令特差家丁沈文龍走叩
臺前請乞
示下爲幸 生欲親叩
令公誠恐起居不便故不敢進謁也只此佈
知伏惟
監察焉何如餘容面談不一
侍 教生徐 文頓首拜
內閣柳學相 臺下 左冲

【탈초】
如面
久聞
令公英名 而不能謁見 仰愧仰愧 生原係舊
任贊畫 袁主事標下千總 上年
經略宋老爺贊畫 袁劉二爺 因
貴國二王子 竝陪臣五員 有韓進士名格 被
倭奴擄禁咸鏡道安邊地方 生等四
人 卽奉差於上年二月拾伍日 奮身
突入安邊倭巢 數次隨說咸鏡道
之倭奴 於本月二十日 卽起程往王京
退其咸鏡之一道地方 況又領成川判
官朴震男之兵馬 殺勸首級數十
顆 而後又說還王子後不幸
舊恩主袁主事 罷職還家 生等毫
無微功 可嘆可嘆 生想浙江來此萬里
程途 有如此之功 毫不得之於心 何
忍 後又蒙
經略宋老爺 收錄標下千總 向隨營報効
而今
宋老爺以進關 生卽帶教師家
丁十餘名 俱係浙江人 前往全羅 見劉
總兵 欲操練
貴國之兵 而今來此 聞知此處兵衆 缺人
操練 而生等頗知陣法 武藝皆通 可
以面試 如生往前見劉總兵而來 則往廻

之淩涉也 故今特差家丁沈文龍 走叩

臺前 請乞

示下爲幸 生欲親叩

令公 誠恐起居不便 故不敢進謁也 只此怖

知 伏惟

監察焉何如 餘容面談 不一

侍敎生 徐文 頓首拜

內閣 柳宰相 臺下 左冲

【국역】

　　마치 만나 뵌 것 같습니다.[132]

　오랫동안 영공(令公)의 아름다운 명성을 들었지만 찾아가 뵙지 못하여 부끄럽습니다. 저의 이전 임무는 찬획사(贊畫使)[133]로 원주사(袁主事)[134]의 부하인 천총(千總)[135]이었습니다. 지난해는 경략(經略) 송노야(宋老爺)[136]의 찬획사였습니다. 원주사와 유총병(劉總兵) 두 분은 귀국(貴國)의 두 왕자[137]와 신하 다섯 명을 아울러 모셨

---

132) 마치 …… 같습니다 : 원문은 '如面'. 편지글에 쓰는 투식어로 '…… 전상서(前上書)'・'…… 앞의 의미이다. '여오(如晤)'라고도 한다.
133) 찬획사(贊畫使) : 나라에 난리가 났을 때 그 지방에 나아가서 주장(主將)을 보좌하고 전술・전략 등에 관하여 계획하는 일을 맡은 군직(軍職)이나 그 벼슬아치를 이른다. '畫'은 '劃'으로도 쓴다.
134) 원주사(袁主事) : 명나라 문신으로 임진왜란(壬辰倭亂) 때 송응창(宋應昌)을 보좌하여 참전하였던 원황(袁黃, 1533~1606)을 이른다.
135) 천총(千總) : 벼슬 이름으로, 명나라 때는 훈신(勳臣) 중에서 임명하였으나, 차츰 그 직권이 가벼워져서 청나라 때는 하급 무관직의 하나가 되었다.
136) 송노야(宋老爺) : 송응창(宋應昌, 1536~1606)을 이른다. 자는 사문(思文)・시양(時祥)이고, 호는 동강(桐岡)이다.
137) 두 왕자 : 광해군의 동복형인 임해군(臨海君)과 선조의 여섯 번째 아들은 순화군(順和君)을 이른다.

습니다. 진사 한격(韓格)이 왜군에게 사로잡혀 함경도 안변(安邊) 지방에 포로로 구금되었습니다.

저희 네 사람은 지난해 2월 15일에 왕명을 받들어 몸을 떨치고 안변에 있는 왜적의 소굴로 뛰어들어 여러 차례 함경도의 왜군들을 설득하였습니다. 이달 20일에 곧바로 길을 나서 서울로 가면서 함경도의 한 지방으로 물러났습니다. 더구나 또 성천(成川) 판관(判官) 박진남(朴震男)의 병마(兵馬)를 거느리고 수십 명의 적의 목을 베도록 하였습니다. 후에 또 설득하여 왕자가 돌아오고 나서는 불행하게도 옛날 은혜를 입었던 주인 원주사가 파직되어 집에 돌아갔습니다. 그런데 저희는 터럭만큼의 작은 공도 없으니 한탄스럽고 한탄스럽습니다.

제가 생각하기에 절강성(浙江省)에서 이곳 만릿길을 와서 이러한 공을 세웠는데도 터럭만큼도 마음에 얻지 못하였으니 어찌 견디겠습니까? 후에 또 경략 송노야의 부하인 천총에 수록되어 수영(隨營)을 향하여 은혜에 보답하기 위해 힘을 다하였습니다. 지금 송노야께서는 관문으로 나아갔습니다.

저는 교사(敎師)138)와 가정(家丁)139) 십 수 명을 데리고 있는데, 모두 절강 사람으로 먼저 전라도에 가서 유총병을 만나 귀국(貴國)의 병사를 조련하려고 했습니다. 지금 이곳에는 병사들은 많은데 무예를 알지도 못하는 사람이 군대를 조련하고 있다는 것을 듣고 알았습니다.

저희는 진법(陣法)을 제법 알고 무예에도 모두 능통하여 그 자리에서 직접 시험할 수 있습니다. 제가 만약 가서 유총병을 만나고 온

---

138) 교사(敎師) : 훈련도감(訓鍊都監)·금위영(禁衛營)·어영청(御營廳)·총융청(摠戎廳) 등의 군문(軍門)과 각도 수영(水營)에 딸리어, 군사의 교육과 훈련을 담당하던 무관을 이른다.
139) 가정(家丁) : 장수가 정규군 외에 따로 편성한 심복의 정예 부대이다.

다면 오가는 것이 매우 고생스러울 것입니다. 때문에 지금 가정(家丁) 심문룡(沈文龍)을 특별히 파견하여 대감 앞에 달려가 문의할 것이니, 말씀드려 주십시오.

제가 직접 영공께 여쭈려고 하지만 진실로 안부가 불편할까 걱정이라 감히 찾아가 뵙지 못하겠습니다. 다만 이렇게 말씀드리니 알아주시리 믿습니다. 삼가 살펴 주시는 것이 어떻습니까? 나머지는 뵙고 말씀드릴 것이니 자세히 말씀드리지 않습니다.

시교생(侍敎生) 서문(徐文)은 머리 조아리고 올립니다.

내각(內閣) 유재상(柳宰相) 대하(臺下)께 올립니다.

좌충(左冲).

8. 택생(澤生)의 편지

賤筆辱

公高雅

賜以妙札是感慶我忘感矣但不倭抵

氏己二月

顧負甫望面之心切

公费恙已愈乞勿違催

題稿年面文稿一改政之早了早完百至

子不倭雜以床玄時不遽及氏一有稿

成賤怎可不藥而自愈也幸
明公加意焉前送
覽之稿并希
擲來手分俟暑退當面睎以悉所秘
外具不腆少申
芹意仰惟
天曺日毖荷精神悤悤不知所言
澤主再拜
庚申

【탈초】

賤恙 辱

公高雅

賜以妙丸 足感愛我之心盛矣 但不佞抵此

今已一月

顧恩府望回之心切切

公貴恙已愈 乞爲速催

疏稿 竝回文稿一改政之 早一日 早完一日之

事 不佞雖臥床 無時不慮及此 一有稿

成 賤恙 可不藥而自愈也 幸

明公加意焉 前送

覽之稿 竝希

擲來手 少俟略可當面晤 以悉所私

外具不腆 少申

芹意 仰惟

笑留是荷 精神恍惚 不知所言

澤生 再頓首

左冲

【국역】

  저의 병에 공께서 묘환(妙丸)을 내려 주시어 저를 아끼시는 마음에 감격하였습니다. 다만 제가 이곳에 도착한 지 지금 벌써 한 달이나 되어 고은부(顧恩府)140)에게 돌아가고 싶은 마음이 간절합니다.

---

140) 고은부(顧恩府) : '은부'는 스승에게 쓰는 말이다. 특히 과거에 급제할 당시의 시관(試官)을 이르는데, 여기서는 명나라 사람인 고양겸(顧養謙, 1537~1604)을

공의 병환이 이미 나았으니 상소문의 원고를 속히 재촉하여 주시고 아울러 회답 원고를 모두 고쳐 바로잡아 주십시오. 하루가 빠르면 하루의 일이 빨리 끝납니다. 저는 비록 침상에 누워있지만 이 일을 염려하지 않은 때가 없었습니다. 하나라도 완성된 원고가 있다면 저의 병은 약을 쓰지 않아도 저절로 나을 것입니다. 명공(明公)께서는 더욱 유념하십시오.

전에 보내어 받아보신 원고를 아울러 간 사람에게 보내 주시기 바랍니다. 만나서 이야기를 나누기를 잠시 기다렸다가 저의 사적인 사연을 다 말씀드리겠습니다. 변변찮은 물건을 보내고 보잘것없는 정성[141]을 폅니다. 웃으면서 받아주시면 감사하겠습니다. 정신이 아득하여 어떻게 말씀을 드려야 할지 모르겠습니다.

택생(澤生)은 거듭 머리를 조아립니다.

좌충(左冲).

이른다. 자는 익경(益卿)이고, 호는 충암(沖菴)으로, 직례성(直隸省) 양주부(楊州府) 통주(通州) 사람이다. 1593년 11월 송응창을 대신하여 경략이 되었다. 조선에서 철병하자며 주화론(主和論)을 주장하였고, 봉공(封貢)을 적극 지지하다가 탄핵을 받아 귀국하였다.

141) 보잘것없는 정성 : 원문은 '芹意'. 자신의 선물이나 자기의 의견이 변변치 못함을 이르는 겸사이다. 《열자(列子)》〈양주(楊朱)〉에, 진(晉)나라 혜강(嵇康)이 '절교서(絶交書)'를 지으면서 이 고사를 인용하여 "어떤 시골 사람이 등에 쬐는 햇볕을 고맙게 생각하고 미나리 맛을 좋게 여기고는, 이것을 임금님에게 바치려고 하였는데, 비록 구구한 성의는 있다고 할지라도, 이것은 또한 현실을 모르는 것이다.[野人有快炙背而美芹子者 欲獻之至尊 雖有區區之意 亦已疎矣]"라는 구절에서 유래하였다.

9. 아무개의 편지

正

漢城每々話別且承

貴國主厚待多方冗費此

公等推愛所致言莫以

謝其各項防禦砲火陣圖進止及武藝禦敵機宜

生勢不及久居教演已托委官聞愈等代生

以爲拔受之勤倘或罷有次第即當遣發歸來而莫進遲感々餘情縷々使回冗奪不及詳載幸串深罪謝々書吏金彥希勤勞亦希拔擢謝々

賤名別具

慎餘

【탈초】

正

漢城匆匆話別 且承

貴國主厚待 多方冗費 皆

公等推愛所致 言莫以

謝 其各項防禦砲火陣圖進止及武藝禦敵機宜

生勢不及久居教演 已托委官聞愈等 代生

以爲授受之勤 倘或略有次第 卽當遣發歸來

而莫遲滯 感感 餘情縷縷 使回冗奪 不及詳裁

幸弗深罪 謝謝 書吏金彦希勤勞 亦希拔擢

謝謝 賤名別具

愼餘

【국역】

　마침 서울에서 바쁘게 작별하고, 또 귀국(貴國) 임금의 후한 대접을 받았는데 쓰지 않아도 되는 비용을 많이 쓰셨습니다. 모두가 공들께서 사랑해 주신 까닭이니 감사드릴 말이 없습니다. 각가지 방어(防禦)·포화(砲火)·진도(陣圖)·진퇴(進退)와 무예(武藝)·어적(禦敵)·기의(機宜)[142]에 관해서 저는 상황상 오래 머물며 교연(敎演)[143]하지 못해 이미 위관(委官) 문유(聞愈) 등에게 부탁하였지만 저를 대신하여 주고받는 것이 수고롭다고 생각합니다. 혹시라도 대략 순서를 두어 곧바로 갔다가 돌아오는데 지체되지 않도록 한다면 매우 감사하겠습니다.

---

142) 기의(機宜) : 상황이나 형편에 따른 적절한 대책을 이른다.
143) 교연(敎演) : 가르치고 훈련함을 이른다.

남은 정이 끊이지 않은데 돌아가는 심부름꾼이 바빠 자세하게 쓰지 못합니다. 깊이 나무라지 않으시면 감사하겠습니다. 서리(書吏) 김언희(金彦希)는 부지런하니 발탁해 주신다면 감사하겠습니다.
　제 이름은 별지에 적었습니다.
　삼가 이만 줄입니다.

10. 아무개의 편지

逕

賫救營官兵原額六百餘員名除陣亡病故等項見在
不滿五百矣所費行糧較之別營一日之需可濟我兵十
日之用令奉文撤兵回
國聞得前路驛站錢粮不敷有碍進發俛想敕營
官兵自守義州及破平壤東至全羅南原慶州光陽
順天等處備禦偵探辛苦最久倍出諸營為
國除氛頗有盡心之効但兵少賊多不能如願悉掃為恨

耳今因給散關內解來坐糧故停緩一二日准擬初十日官兵先行煩念久戍之勞乞先發一文或差一官於前途如開城平壤諸處預備大米百數包接濟足矣始終之盛德何如之否者各營人馬將至矣恐不能普及千乞吹噓於戶曹速賜預嘗之不惟生之感佩足見責國少分優劣之階耳馮婦多端弗嗔幸甚 名別具

沖

【탈초】

徑

瀆 敝營官兵原額六百餘員名 除陣亡病故等項 見在
不滿五百矣 所費行糧較之別營一日之需 可濟我兵十
日之用 今奉文撤兵回
國 聞得前路驛站 錢粮不敷 有碍進發 俛想敝營
官兵 自守義州 及破平壤 東至全羅南原慶州光陽
順天等處 備禦偵探 辛苦最久 倍出諸營 爲
國除氛 頗有盡心之効 但兵少賊多 不能如愿悉掃爲恨
耳 今因給散關內解來 坐粮故停緩一二日 准擬初十
日官兵先行 煩念久戍之勞 乞先發一文 或差一官 於
前途如開城平壤諸處 預備大米百數包接濟 足仭
始終之盛德 何如何如 否者 各營人馬 將至矣 恐不能
普及 千乞吹噓於
戶曹 速賜預圖之 不惟生之感佩 足見
貴國少分優劣之階耳 馮婦多端 弗嗔幸甚
名別具 冲

【국역】

번거롭게 합니다.
　저희 군영의 관병은 원래 인원이 600여 명인데 전사하거나 병사한 인원을 제외하면 현재 500명도 되지 않습니다. 소비하는 군량을 별영(別營)의 하루의 수요와 비교하면 우리 병사의 열흘 치 군량에 해당합니다. 지금 문서를 받들고 철군하니 나라로 돌아오면서 앞길의 역참에서 들으니 전량(錢糧)이 넉넉지 않아 출발하는데 방해가

된다고 합니다.

 저희 군영의 관병은 의주(義州)를 지키는 것부터 평양을 깨뜨리기까지 하였습니다. 동쪽으로 전라도·남원·경주·광양·순천 등지까지는 방비하고 정탐하느라 매우 오랫동안 고생하였습니다. 여러 군영보다 배나 곡식을 내어 나라를 위해 재앙을 없애는데 자못 마음을 다한 공효가 있지만, 다만 아군은 적고 적군은 많아 원하는 대로 모두 소탕하지 못한 것이 한스러울 뿐입니다. 지금 관내(關內)에서 보내온 좌량(坐糧)[144]으로 하루 이틀 정도의 행차는 늦출 수 있을 것입니다. 10일에 관병이 앞서간다면 오랜 수자리의 노고에 염려스럽습니다.

 바라건대 한 통의 문서를 먼저 보내거나 앞길에 관리 한 사람을 보내 개성(開城)·평양(平壤) 등지에서처럼 쌀 백여 자루를 미리 준비하여 대책을 세운다면 처음부터 끝까지 성덕(盛德)을 베풀었다는 것을 알 수 있을 것이니, 그렇게 하시는 것이 어떻겠습니까? 그렇지 않으면 각 군영의 인마(人馬)가 장차 이르렀는데도 넉넉히 지급되지 못할까 두렵습니다.

 호조(戶曹)에 입김을 넣어 속히 내려 주실 것을 미리 도모하여 주십시오. 저는 이를 잊지 못할 뿐만 아니라 귀국(貴國)이 조금이나마 우열의 등급을 나누는 것을 볼 수 있을 것입니다. 풍부(馮婦)[145]와

---

144) 좌량(坐糧) : 매달 고정적으로 지급되던 한 달분의 양식을 이른다.
145) 풍부(馮婦) : 전국시대 진(晉)나라의 사람으로, 이전의 버릇을 버리지 못한 어리석은 사람이다. 《맹자(孟子)》〈진심 하(盡心下)〉에 "맹자가 말하기를 '이것은 바로 풍부이다. 진나라 사람 중에 풍부라는 자가 범을 잘 잡다가, 마침내 선사가 되었는데, 들에 갈 적에 여러 사람들이 범을 쫓고 있었다. 범이 산모퉁이를 의지하고 있자, 사람들이 감히 달려들지 못하다가 풍부를 멀리 바라보고는 달려가 맞이하였다. 풍부가 팔뚝을 걷어붙이고 수레에서 내려오니, 여러 사람들이 모두 이를 좋아하였고, 선비들은 이를 비웃었다.'[孟子曰 是爲馮婦也 晉人有馮婦者善搏虎 卒爲善士 則之野 有衆逐虎 虎負嵎 莫之敢攖 望見馮婦 趨而迎之 馮婦攘臂下車 衆皆悅之 其爲士者 笑之]"라고 하였다.

같이 단서가 많았으니 성내지 마시기 바랍니다.
　이름은 별지에 적었습니다.
　충(沖).

11. 아무개의 편지

正
昨承
貴國主送乂鎗一對極精緻生甚愛之但乏人持帶并
銅爐一個今奉
上乞照存外旗幟一副送用如練人馬正係有用之物
希照入外有小通事李仲慶自壬辰冬自義州隨營
督運炮車進兵平壤及往全羅慶尚等處寒暑
風霜生至一慶渠隨之一慶經年勞瘁甘苦倍常

極其効勞又有平安道出身金得龍隨征已久專管習炮火亦効勞有擾均屬優勤以勵將來者也昨具聞
貴國主遺忘二人希
公雲青勞役已久懇
賜擴恩允有可用處乞爲
照拂不惟二役蒙恩庶亦盡生不負用人之本意也統惟
鑒亮不既
名別具

【탈초】

正

昨承

貴國主送乂鎗一對 極精緻 生甚愛之 但乏人持帶 竝

銅爐一個 今奉

上 乞照存 外旗幟一副送 用如練人馬 正係有用之物

希照入 外有小通事李仲慶 自壬辰冬 自義州隨營

督運炮車 進兵平壤 及往全羅慶尙等處 寒暑

風霜 生至一處 渠隨之一處 經年勞瘁 甘苦倍常

極其効勞 又有平安道出身金得龍 隨征已久 專官

習炮火 亦効勞有據 均屬優勤 以勵將來者也 昨具聞

貴國主 遺忘二人 希

公垂靑 勞役已久 懇

賜擴恩 凡有可用處 乞爲

照拂 不惟二役蒙恩 庶亦盡生不負用人之本意也 統惟

鑑亮 不旣 名別具

【국역】

　마침 어제 귀국(貴國) 임금께서 예리한 한 창 쌍을 보내셨는데, 매우 정교하여 저는 매우 아끼고 있습니다. 다만 재주 없는 제가 가진 띠와 구리 화로 한 개를 지금 보내드리니 받아주시기 바랍니다. 나머지 깃발[旗幟] 한 부를 보내니 이것으로 인마(人馬)를 훈련한다면 유용한 물건이 될 것입니다. 받아주시기 바랍니다.

　그밖에 소통사(小通事)[146] 이중경(李仲慶)은 임진년[1595] 겨울부

---

146) 소통사(小通事) : 조선시대 역관(譯官) 가운데 하급 통역관을 이른다. 당상 역

터 의주(義州)에서 군영을 따라 포차(砲車)[147]를 독촉하여 평양으로 군대를 보냈고, 전라도와 경상도 등지로 갈 때는 날씨가 춥거나 덥거나, 바람이 불거나 서리가 내리는 때도 제가 어느 곳에 이르면 그도 그곳까지 따라왔습니다. 해를 넘겨 지치고 야위어 평소보다 곱절이나 고생스러웠지만 이를 달게 여겼으니 그의 공적은 매우 뛰어납니다. 또 평안도 출신 김득룡(金得龍)은 전쟁에 참여한 지 오래되어 오로지 포화만을 익혔고 그도 공로를 세운 근거가 있습니다. 모두 우수하고 부지런한 사람들로 앞날을 격려해야 할 사람들입니다. 귀국(貴國)의 임금께서 두 사람을 잊고 있다는 말을 어제 들었습니다.

공께서 사랑으로 오랫동안 고생한 그들에게 넓은 은혜를 베풀어 주시기를 간절히 부탁드립니다. 모두 쓸 곳이 있을 것이니 보살펴[照拂] 주시기를 바랍니다. 두 사졸이 은혜를 입는다면 거의 목숨을 다하여 자신들을 써준 사람의 본뜻을 저버리지는 않을 것입니다. 모두 살펴주시기 바랍니다. 이만 줄입니다.

이름은 별지에 적었습니다.

관이나 당하 역관과 함께 사행을 따라가거나 중국에서 오는 사신을 맞이하는 임무를 수행하였다.
147) 포차(砲車) : 돌 같은 것을 멀리 날려 보내는 장치를 한 전투용 수레를 이른다.

12. 척금(戚金)의 편지

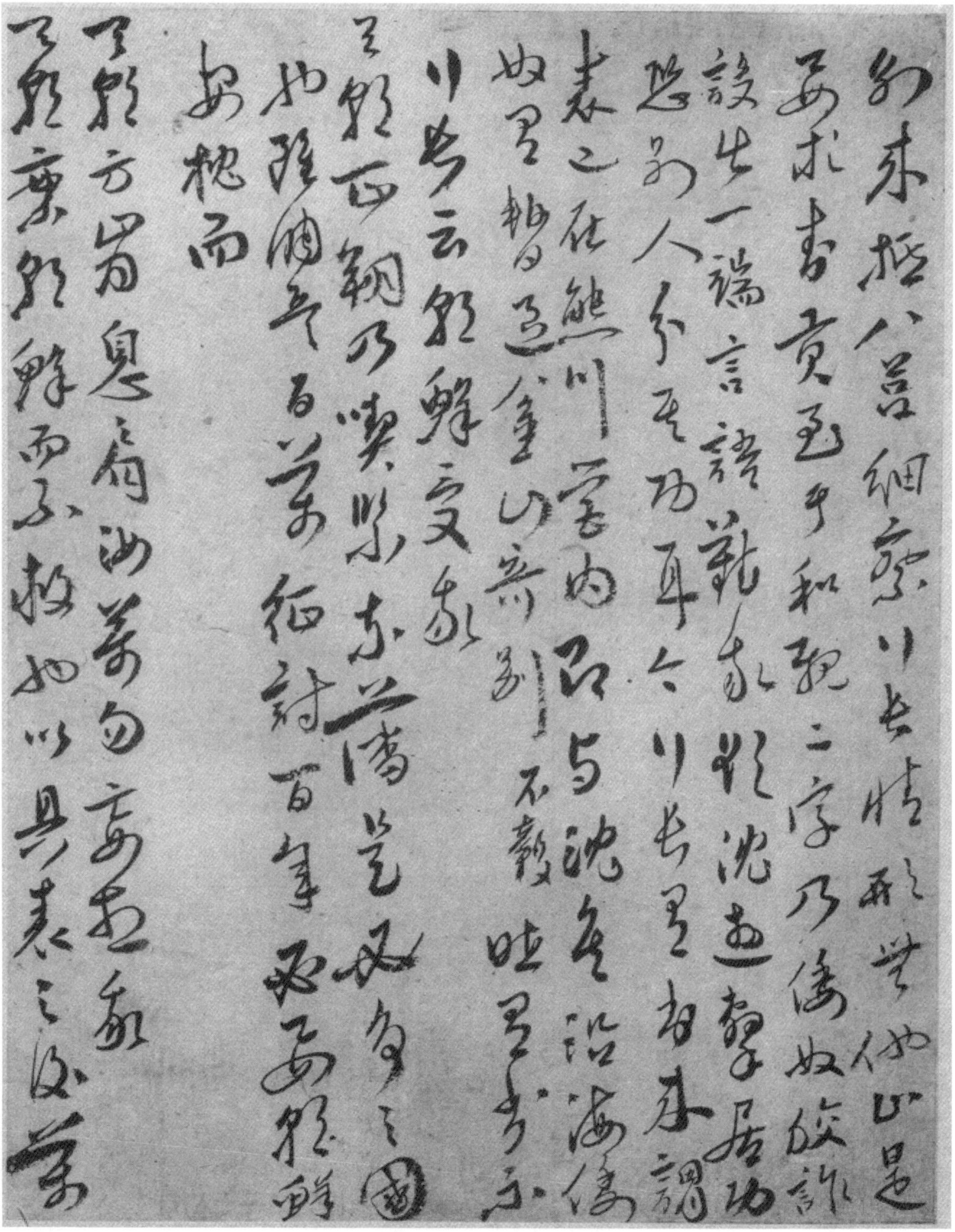

所再從一像上岸振勇先善即郎
之人乃仍依舊貢信尽弓使触日
时政
神京菴者昌言吾書貴小滩堂池柱
尉一書心方快思二小書已兄金公毅
善二人為付後書不師縱偽生予
作多池画墓最表卻日耳不失為表
一年乡可奴品喜陶尤有方一尼
證氣已尽廢之
自當尺見
中黄圉尺故善願之是望明哉可月

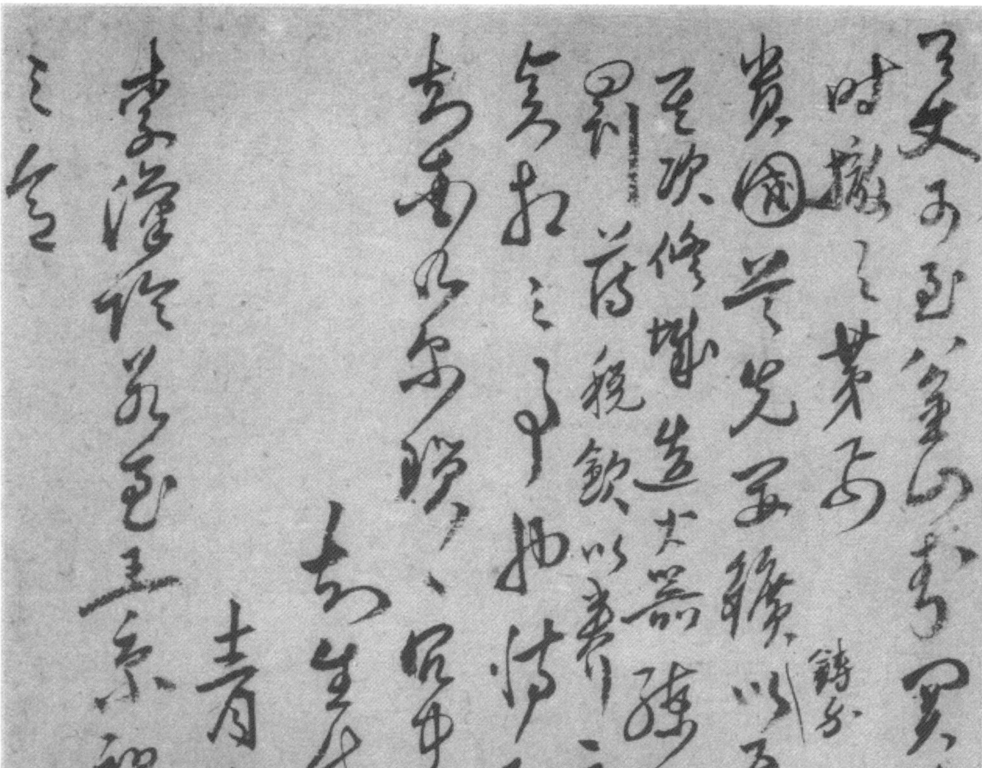

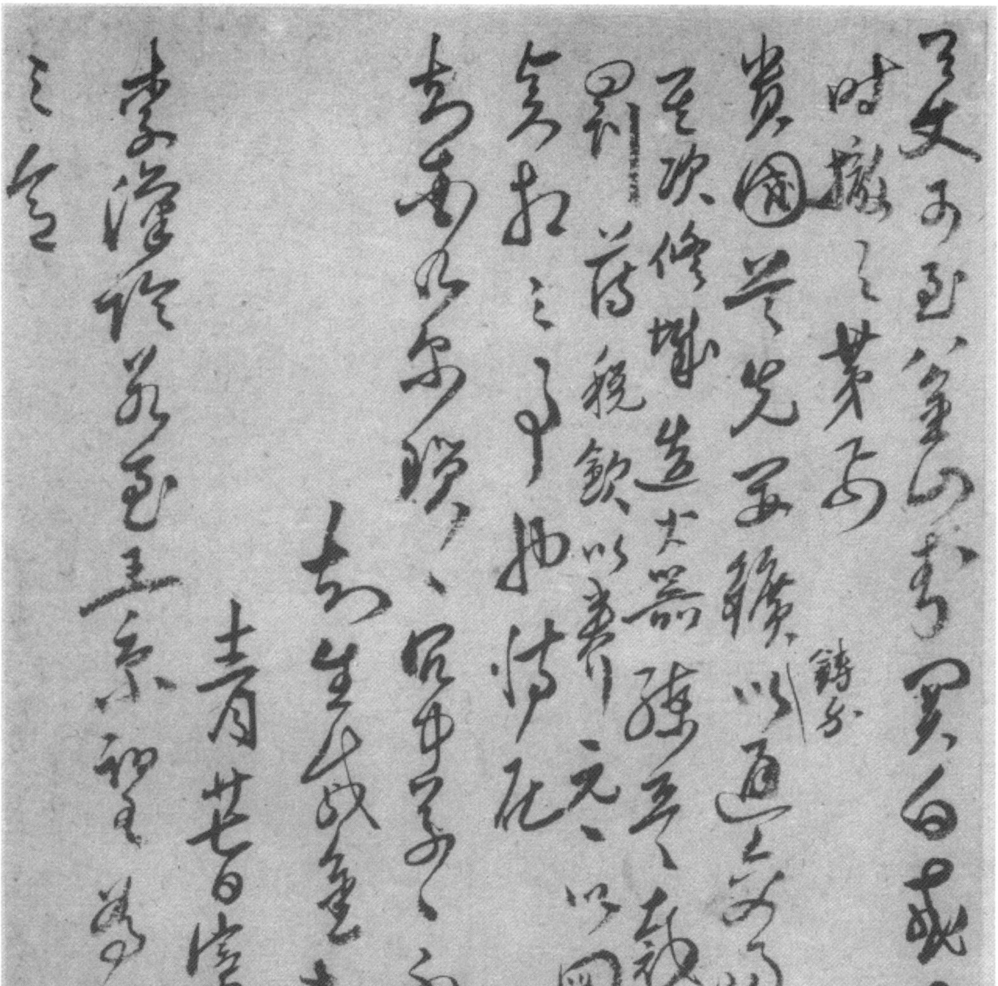

【탈초】
別來抵八莒 細察行長情形 無他 正是
要求封貢 至于和親二字 乃倭奴狡詐
設出一端言語難我 欲沈遊擊居功
恐別人分其功耳 今行長有書來 謂
表已在熊川營內 卽與沈矣 沿海倭
奴 有暫退釜山奇別 不穀 昨有書示
行長云 朝鮮受我
天朝正朔 乃喫緊東藩 是必爭之國
也 雖調兵百萬 征討百年 必要朝鮮
安枕 而
天朝方肯息肩 汝萬勿妄想我
天朝棄朝鮮而不救也 以具表之後 萬
不可再縱 一倭上岸 搶虜殺害朝鮮
之人 方保封貢得成 否則徒耽日
時 致
神京臺省有言封貢不准 是汝枉
費一番心力 愼思愼思 行長已允 令不穀
差二人 守伴彼營 不許縱倭生事
作歹 沈遊擊取表 不日可至大丘 表
一來 則不穀 卽還歸矣 南方一應事
經略 已置屬之
劉君矣
貴國君相 善承之是望 明歲四月
中
天使可至釜山 封關白 或川兵至 彼
時撤之 第要

貴國首先開鑛鑄分 以通交易 以養民生
其次修城造火器練兵 裁冗員省刑
罰薄稅斂 以養元元 以圖報復 此
賢相之事也 悃在
知愛 乃爾瑣瑣 冗中草草 不盡欲言
知生 戚金拜首
十二月 卄七日 寄

(추신)
李漢陰 若至王京 望爲致念想
之意

【국역】

　헤어지고 나서 팔거(八莒)에 도착하여 소서행장(小西行長)[148]의 상황을 자세히 살펴보니 다른 것은 없고 조공을 요구하고 있었습니다. '화친(和親)'이라는 두 글자는, 바로 왜적의 교활한 짓이니 설령 한마디 말을 했다고 하더라도 우리를 곤란하게 하는 것입니다. 심유격(沈遊擊)[149]이 공로가 있다고 자처하며 다른 사람과 공을 나눌까 걱정하고 있습니다.
　지금 소서행장이 편지를 보내와 "표문(表文)은 이미 웅천(熊川)

---

148) 소서행장(小西行長, 1558~1600) : 일본 도산시대(桃山時代)의 무장으로, 임진왜란 때 선봉장으로 평양(平壤)까지 침공하였으며, 풍신수길(豊臣秀吉)의 두터운 신임을 받다. 덕천가강(德川家康)에 맞서 싸우다가 패하여 참수형을 받았으며, 가톨릭 신자로서 신앙심이 깊었다.
149) 심유격(沈遊擊) : 명나라 유격장군(遊擊將軍)인 심유경(沈惟敬, ?~1597)을 이른다. 임진왜란 때 요양부총병(遼陽副摠兵) 조승훈(祖承訓)의 유격장군으로 와서 소서행장(小西行長)과 강화를 의논하였다. 강화가 결렬된 후 일본에게 거짓 항복하려다가 명나라 장수 양원(楊元)에게 체포되어 처형되었다.

영내(營內)에 있다."150)라고 하였습니다. 이는 바로 심유격에게 보낸 것으로, 연해의 왜적이 잠시 부산에 물러났다는 기별이었습니다. 내가 어제 소서행장에게 편지를 보내 "조선은 우리 명나라의 책력(册曆)을 받으니, 조선을 중요하게 여기는 것이다. 이는 반드시 쟁취해야 할 나라이니 비록 백만의 군대를 이동하여 100년 동안 전쟁한다고 하더라도 조선이 평화로워야 명나라도 무거운 짐을 벗어버릴 수 있을 것이다. 너희들은 망령되이 우리 명나라가 조선을 버리고 구원하지 않을 것이라 생각지 말라."고 하였습니다. 표문을 갖춘 뒤에 다시 내버려 두는 것은 절대로 불가합니다.

어떤 왜구가 해안에 올라와 조선 사람을 사로잡아 살해하였는데, 이는 조공이 이루어질 것이라 믿고 있는 것입니다. 그렇지 않다면 한갓 시일만 끌려고 하는 것입니다. 서울 대성(臺省)151)에서 조공을 허락하지 않는다는 말이 있는데, 이는 그대들의 심력(心力)을 허비하는 것이니 신중히 생각하십시오. 소서행장도 이미 허락한 일입니다. 저에게 두 사람을 보내 저 군영을 지켜 함부로 왜적들이 말썽을 일으키고 사악한 짓을 저지르는 것을 허락지 마십시오. 심유격이 표문을 가지고 하루도 되지 않아 대구에 이를 것입니다. 표문이 도착하면 저는 그 즉시 돌아갈 것입니다. 남쪽에서는 한결같이 일을 처리하고 있고, 경략(經略)은 이미 유군(劉君)152)을 예속시켰으니,

---

150) 표문(表文)은 …… 있다 : 《조선왕조실록》 선조(宣祖) 27년 조에 "접반사(接伴使) 김찬(金瓚)이 치계(馳啓)하였다. '정월 25일에 총병(總兵)이 통사(通事) 이희인(李希仁)·유의빈(柳依擯)을 부르더니 좌우에 있는 사람을 물리치고 나서 비밀리에 말하기를, 「담종인(譚宗仁)은 왜적의 진영에 억류되어 있고, 심 유격(沈遊擊)이 근일 표문(表文)을 가지고 왔는데 천조(天朝)와 그대 나라의 일은 모두 심(沈)이 망쳤다. 표문은 관백(關白)의 글이 아니라 소서행장(小西行長) 자신이 지은 거짓 표문이다. …… 」'[接伴使金瓚馳啓曰 正月二十五日 摠兵招通事李希仁 柳依擯 辟左右密言曰 譚宗仁 則絪住在賊營 沈遊擊 近日齎表文出來 而天朝爾國之事 沈也都壞了 表文 非關白之書 乃行長自爲假表也]"라는 구절이 있다.
151) 대성(臺省) : 사헌부(司憲府)와 사간원(司諫院)을 이른다.
152) 유군(劉君) : 유정(劉綎, 15??~1619)을 이른다.

귀국(貴國)의 임금과 재상은 잘 받드시기 바랍니다.

내년 4월 중에 명나라 사신이 부산에 도착하면 관백(關白)[153]에 봉하고, 혹시라도 천병(川兵)[154]이 이르면 그때 철수하겠습니다. 다만 귀국(貴國)이 먼저 광물을 채광하여 주조하여 교역을 하고 백성을 기르십시오. 그 다음에 성을 수리하고 화기(火器)를 제조하고 군사를 단련하고 쓸데없는 관원을 줄이고 형벌을 덜어주고 세금을 가벼이 하며 백성을 길러 보복을 도모하는 것이 어진 재상의 일입니다.

저를 사랑해 주심을 믿고 이렇게 자질구레하게 바쁜 가운데 씁니다. 하고 싶은 말을 다하지 못합니다.

지생(知生) 척금(戚金)[155]은 절하고 올립니다.

12월 27일 편지를 올립니다.

(추신)

이한음(李漢陰)[156]이 서울에 도착하면 저의 그리운 마음을 전해 주십시오.

---

153) 관백(關白) : 천황을 대신하여 섭정(攝政)한다는 뜻으로, 막부의 최고 실력자인 쇼군(將軍)을 이르는 말로 여기서는 풍신수길(豊臣秀吉)을 이른다.

154) 천병(川兵) : 임진왜란 때 명나라에서 파견된 군사 가운데 중국 사천(泗川) 지역에서 차출된 병사를 이른다.

155) 척금(戚金, ?~?) : 호는 소당(蕭塘)이다. 산동(山東) 등주위(登州衛) 사람으로, 자칭 동당(東塘) 척계광(戚繼光)과 같은 동족이라고 하였다. 계사년 정월(正月)에 흠차통령가호소송조병유격장군(欽差統領嘉湖蘇松調兵游擊將軍)으로 보병 1천을 이끌고 나왔다가 얼마 후 정왜부총병(征倭副摠兵)으로 승진하였으며, 갑오년 정월에 돌아갔다.

156) 이한음(李漢陰) : '한음'은 이덕형(李德馨, 1561~1613)의 호이다. 자는 명보(明甫)이고, 시호는 문익(文翼)이다. 광해군 때 영의정을 역임하였다. 1608년 정운원종공신 1등(定運功臣一等)에 책록되고, 1612년 한원부원군(漢原府院君)에 봉해졌다.

13. 아무개의 편지

某陳此事修理自知
先曲其起主柰之甚門由今之發
之立許而敢懈怠以始
皇上寄郎之耳
光海兵又 公等走治繫其告
又一乞許乎
乃耶久之仁賢老其修明子小必能
信下人黑教以碑
壽子面與之而云形躰力融練之
一馬餘分三許仿肯今願去立兰明
賴子

皇上勅下三部多收束洗船由了鄉都萬行以為黎之具
不要賣馬永憲共銀叶下先求
不失鶴枝經費均達東會完餘剩下礦共成品
于門來以仿目每之意切記、、為舉
已為可免在形誌
壬子冬

【탈초】
不佞初五日 於鳳山 相會
天使 連日譚論 率皆爲
貴國萬世治安之事 此行最重
公可啓
國君 凡百振作起來 不可多令人在旁
敎唆語言流溝者 先籌畫停當 臨
時講之 至於鍊兵修險事 可極口應承
日准
經略
提督咨 已於某日 命某某 專發運糧 某
某鍊兵 某某修險 近日迎
光海君至王京矣 不日南行 由全羅赴
大丘 斷不敢懈怠 以貽
皇上東欽之憂
光海君及公竝李德馨 可與
天使一見 此聞
天朝久知仁賢者 其倭奴事 不必聽
信下人虛報 以碍
封事 要緊要緊 可云朝鮮力能鍊兵
一萬餘 分三路防守 全羅大丘慶州
雜于
天兵內演習 明春可用 獨少硝磺 求
皇上勅下
兵部 于山東海舡內運
賜數萬斤 以爲守禦之具

天使覆

命 必達無疑 時下 先求

天使轉致

經略 將遼東合藥餘剩下硝磺 發數

千斤來 以備目前之急 切記切記 看畢

卽發丙丁 免存形跡

名不具

【국역】
  제가 5일 봉산(鳳山)¹⁵⁷⁾에서 명나라 사신을 만나 여러 날 담론을 나누었는데, 대개 모두 귀국(貴國)이 오랫동안 나라를 편안히 다스리는 일에 관한 것들이었습니다. 이는 이번 행차에서 가장 귀중한 것이었습니다. 공께서 임금께 아뢰어 주위에 훌륭한 사람을 많이 두어 나쁜 짓을 사주하는 말이 넘치도록 해서는 안 될 것입니다. 우선 계획을 세워 적절하게 잘 조처하고 때에 맞게 익히고 병사를 훈련 시키며 험한 곳을 정비하는 일의 경우 "경략(經略)과 제독(提督)이 자론(咨論)¹⁵⁸⁾을 극구 승낙하여 이미 어느 날[某日] 누구누구에게 명하여 오로지 군량을 운송하게 하고, 누구에게는 군대를 훈련 시키고 누구에게는 험한 곳을 정비하게 하라."고 하였습니다.
  최근 광해군(光海君)을 맞아 서울에 이르렀는데, 하루도 되지 않아 남행(南行)하여 전라도를 거쳐 대구로 갔으니, 결코 감히 게을리 하여 황상(皇上)께서 동쪽을 공경하는 마음에 근심을 끼칠 수 없었습니다.

---

157) 봉산(鳳山) : 황해도 봉산군(鳳山郡)을 이른다.
158) 자론(咨論) : 의논하거나 토의함을 이른다.

광해군과 공과 이덕형(李德馨)은 명나라 사신과 만나볼 수 있을 것입니다. 이는 명나라에서 오래전부터 어진 사람이라는 소문을 들어 알고 왜놈들에 관한 일은 반드시 하인들의 헛된 보고를 믿고 봉사(封事)[159]에 지장이 있어서는 안 되는 것이 매우 중요합니다. 조선의 힘으로 군사 1만여 명을 훈련 시켜 삼로(三路)[160]에 나누어 방어하고, 전라·대구·경주는 명나라 군사들과 함께 훈련한다면 내년 봄이면 쓸 수 있을 것입니다.

오직 조금의 초석(硝石)과 유황(硫黃)[161]을 황상께 청하여 병부(丙部)에 칙서를 내려 산동(山東)에서 배로 옮겨와 수 만근을 지급하여 적을 막아내는데 도구로 삼을 것입니다. 명나라 사신이 복명(覆命)[162]하여 반드시 잘 아실 것은 의심의 여지가 없습니다. 지금 우선 명나라 사신에게 청하여 경략에게 전해 요동에서 합약(合藥)[163]하고 남은 초석과 유황을 수 천근 보내오면 눈앞에 닥친 위급함에 대비하십시오. 부디 기억하십시오. 다 보시고 나서 곧바로 태워[164] 흔적이 남지 않도록 하십시오.

이름은 쓰지 않습니다.

---

159) 봉사(封事) : 밀봉한 상소문(上疏文)을 이른다. 내용이 누설되지 않도록 검은 천으로 만든 주머니에 넣고 봉함하여 올렸기 때문에 붙여진 이름이다.
160) 삼로(三路) : '삼도(三道)'와 같은 말로, 충청도·전라도·경상도를 이른다.
161) 초석(硝石)과 유황(硫黃) : 화약을 만드는 재료이다.
162) 복명(覆命) : 명령을 집행하고 나서 보고함을 이른다.
163) 합약(合藥) : 화약 따위를 조합하거나 조합된 화약을 이른다.
164) 태워 : 원문은 '丙丁'. '부병정(付丙丁)'의 줄임말로, 천간(天干)의 병(丙)·정(丁)은 오행의 화(火)에 해당하기 때문에 불에 태워버리라는 뜻이다.

14. 아무개의 편지

啓

東坡新水平壤三兵小啓玆
公諭已撤覽且行且候至七百抵義州之賣本官
尙爾運之來刑哄
軍勺乎騙不俊乎掇而言之慎 國也數月云丙五
可見矣不俊前路橦
剃兵主善官皆言
軍門顧恩府不動
孫徑略已不集此先邊如是後

顧恩府王本必欲孫經略出來之文

先矣 顧恩府已於七月初旬起馬至廣寧候代孫經略約七月終可到前不倭差旗牌花有參宮通友李愉賣琉稿予西月王京起身和一日到遼陽見 顧恩府問通官云本何來逢此本王少月到可救你

國王今難救你國之死亡也分付不倭旗牌云快着不倭前進又有一碑催之又云與

孫經略討議此本可上則上不可則止此前不俟原本
此見來有
旱門經略兩相方痛即少停俟斯不俟勢不可
再稽十三日渡江西句留官候
許公同行來與不來不俟不日而曉也謹此
再陂幸速啓
國王郊之餘接伴官回再布不乙
名具云帽伻

【탈초】
啓
東坡劍水平壤 三具小啓 致
公 諒已撤覽 且行且候 至十二日抵義州 今賫本官
尙爾遲遲未到 哄
軍門乎 騙不佞乎 摠而言之 悞國也 數月之內 立
可見矣 不佞前路 撞
劉兵主差官 皆言
軍門顧恩府不動
孫經略 已不來此 先邊如是後
顧恩府 又上本 必欲孫經略出來 今又
久矣 顧恩府 已於七月初六日起馬 至廣寧候代
孫經略 約在月終可到 前不佞差旗牌范有倉 同
通官李愉賫疏稿 二十四日王京起身 初一日到遼
陽 見顧恩府問通官云 本何來遲 此本在
五月到 可救儞
國王 今難救儞國之死亡也 分付不佞旗牌云 快快
着 不佞前進 而有一牌催之 又云與
孫經略計議 此本可上則上 不可則止 此前不佞 原如
此見 未有
軍門經略兩相矛盾耶 事體如斯 不佞勢不可
再稽 十三日渡江西向 留官候
許公同行 來與不來 不佞不得而曉也 謹此
再致 幸速啓
國王知之 餘接伴官回 再布不一
名具正幅 冲

【국역】

아룁니다.

동파(東坡)·검수(劍水)[165]·평양(平壤)에서 계문(啓聞)한 세 건을 갖추어 소계(小啓)를 공께 보내드렸는데 벌써 받아 보셨을 것입니다. 저는 길을 가면서 적의 동태를 살피느라 12일이 되어서야 의주(義州)에 도착했습니다. 지금까지 보낸 본관(本官)이 아직도 지체하고 도착하지 않으니, 군문을 크게 꾸짖는 것입니까? 저를 속이시는 것입니까? 이를 한마디로 말하자면 나라를 그르치는 것이니, 몇 달 안에 곧 잘못임을 알 수 있을 것입니다.

제가 앞길에서 유총병(劉摠兵) 주차관(主差官)을 만났는데 "모두 군문의 고은부(顧恩府)는 꼼짝도 하지 않고, 손경략(孫經略)도 아직 이곳에 오지 않았습니다."라고 하였습니다. 먼저 변방을 이렇게 하고 나서 고은부가 또 글을 올려 반드시 손경략을 나오게 하려고 한지 지금 또 오래되었습니다.

고은부는 이미 7월 6일 말을 타고 광녕(廣寧)[166]에 이르러 손경략을 대신할 사람을 기다렸습니다. 손경략은 대략 월말에나 도착할 것 같습니다. 앞서 저는 기패관(旗牌官)[167]에 차임된 범유창(范有倉)이 통역관 이유(李愉)와 상소하는 원고를 가지고 24일 서울에서 출발해서 1일 요양(遼陽)에 도착하여 고은부를 만나 통역관에게 "문서가 어찌 이리 늦었는가? 이 문서가 5월에 도착해야 그대 국왕을 구할 수 있는데, 지금 그대 나라가 망하는 것을 구하기 어렵다."라고 하고는, 저의 기패관에게 "서둘러라."고 분부하였습니다.

제가 앞으로 가서 한 통의 패문(牌文)으로 재촉하니, 또 "손경략

---

165) 동파(東坡)·검수(劍水) : '동파'는 경기도 장단(長湍)에 속하는 역(驛)이고, '검수'는 황해도 봉산(鳳山)에 속하는 역이다.
166) 광녕(廣寧) : 요녕성(遼寧省) 부근에 있다.
167) 기패관(旗牌官) : 군영에 달린 장교의 하나이다.

과 의논하여 이 문서를 올릴 만하면 올리고 그렇지 않으면 그만두어라."고 하였습니다. 이전에 제가 원래 이와 같은 견해였지만 군문과 경략(經略) 양쪽에 서로 모순되는 점이 있는 것은 아닙니까? 사정이 이와 같아서 저의 상황 때문에 다시 지체할 수 없어 13일 강을 건너 서쪽으로 향하여 관에서 머물렀다가 허공(許公)을 기다려 동행하려 합니다. 올지 말지는 제가 알 수가 없습니다.

 삼가 이처럼 거듭 보내니 서둘러 국왕께 알려서 알도록 하십시오. 나머지는 접반관(接伴官)이 돌아가는 편에 다시 아뢰고 이만 줄입니다.

 이름은 정폭(正幅)에 적었습니다.

 좌충(左沖).

15. 오유림(吳惟林)의 편지

違顏未幾 殊多企仰 且昔以擾感謝之 緣拘喪信 守開城未遑謝 敎勾歎 足下爲國勞神 實黎民之福祇也 然名標靑史 流芳百世 豈虛語哉 迎向舍熱 寶到底視愛 令人送 上品不堪用希 笑納荷 外有馬鞍一付 煩換好大倭刀二把 幷惟 幸甚

侍敎生 吳惟林 頓首拜

【탈초】

侍教生 吳惟林 頓首拜

違

顔未幾 殊多企仰 且昔叨

擾 感謝感謝 緣拘畱信守開城 未遑領

敎爲歎

足下爲

國勞神 實黎民之福庇也 然

名標靑史 流芳百世 豈虛語哉 近有舍親賫到毡襪一雙

令人送

上 恐不堪用 希

笑納荷荷

外有馬鞍一付 煩換好大 倭刀二把弗拒 幸甚

【국역】

시생 오유림(吳惟林)은 머리 조아리고 올립니다.

공과 헤어진 지 얼마 되지도 않았는데 매우 그립습니다. 또 지난 날 후대해 주시어 감사합니다. 개성(開城)을 잘 지켜내는데 속박되어 가르침을 받을 겨를이 없어 근심스럽습니다.

족하께서는 나라를 위하여 정신을 쏟으시니 실로 백성들의 복입니다. 그러니 이름이 역사에 드날려 백 세까지 아름다움이 전할 만하다는 것이 어찌 허언이겠습니까?

근래에 저의 친척이 전말(毡襪)[168] 한 쌍을 가져왔기에 사람을 시켜 보내 드리니 쓸 만하지는 않겠지만 웃으며 받아주시면 감사하겠

---

168) 전말(毡襪) : 모전으로 만든 버선을 이른다.

습니다. 그 외 말안장 한 부가 있는데 번거롭지만 큰 것으로 바꾸어 주시고 왜도(倭刀) 두 자루를 거절하지 않으신다면 매우 다행이겠습니다.

16. 왕필적(王必迪)의 편지

爾國遭此大難又兼兵馬蹂躪地方居民
困苦不恐見聞良為嘆息承惠牛八隻
又返其价價旦仰大義謝〻查得應付
馱載渾罷牛四十餘隻內有無主跟
隨者十丁隻皆瘦弱不堪以八隻留犒
三軍三隻完璧希查收簽票為照其

餘牛隻適候事完之日繳還特此
示知見存牛四十五隻
謹具
　雲履壹雙
　綾帕貳方
奉申
芹敬
　　　　侍生王必迪拜

【탈초】

爾國遭此大難 又兼兵馬蹂踏 地方居民
困苦不忍見聞 良爲嘆息 承惠牛八隻
又返其原價 足仞大義 謝謝 查得應付
馱載軍器牛四十餘隻內 有無主跟
隨者十一隻 皆瘦弱不堪 以八隻留犒
三軍 三隻完璧 希查收發票爲照 其
餘牛隻 通候事完之日發還 特此
示知 見存牛四十五隻
謹具
雲履壹雙
綾帕貳方
奉申
芹敬
侍生 王必廸 拜

【국역】

  그대 나라가 이같이 큰 재난을 만났고 또 아울러 전쟁에 유린되어 지방 백성들의 고통을 차마 보고 들을 수 없으니 참으로 탄식스럽습니다. 보내신 8마리의 소를 받고 또 그 원가(原價)를 되돌려 드리니 대의(大義)를 알기에 충분하여 감사합니다.

  조사하여 공급한 무기를 싣는 소 40여 마리 중에서 주인 없이 따르는 11마리는 모두 감당하지 못할 정도로 여위고 약합니다. 8마리는 남겨두었다가 삼군(三軍)이 먹게 하고 3마리는 돌려드리니,[169]

---

169) 돌려드리니 : 원문은 '完璧'. 전국시대 진소왕(秦昭王)이 조(趙)나라 혜문왕(惠

조사하여 받고 증명서를 발행하여 증거로 삼으시기 바랍니다.

나머지 소는 안부를 물어 일이 마무리되는 날 되돌려주십시오. 특별히 이를 말씀드립니다. 지금 남아 있는 소는 45마리입니다.

삼가 운리(雲履)170) 한 쌍과 능파(綾帕)171) 두 개를 보잘것없지만 보냅니다.

시생 왕필적(王必迪)은 올립니다.

文王)에게 15성과 바꾸자고 청한 화씨벽(和氏璧)으로, 나라의 진귀한 보배를 뜻한다. 조나라 인상여(藺相如)가 이 구슬을 가지고 진나라에 갔다가 성을 주겠다는 진나라의 약속이 미덥지 않자, 다시 화씨벽을 온전히 보전해서 조나라로 돌아가게 하였던 '완벽귀조(完璧歸趙)'의 고사에서 유래하였다.
170) 운리(雲履) : 구름무늬를 수놓은 신발을 이른다.
171) 능파(綾帕) : 비단으로 만든 머리싸개 수건을 이른다.

17. 척금(戚金)의 편지

【탈초】

臨書正冗 鄙衷難罄 南方一應[事]¹⁷²⁾ 不佞俱使金
判封▨▨明轉[報]¹⁷³⁾臺下矣 敝營兵已
撤王京 遺下馬多 乞公撥十數人幇喂
之 至緊至緊 平壤亦有許多病焉 亦乞
發數字 給小力持送李觀察 令其撥
十數人 喂馬之用 一應糧料 乞照數發
與 倭▨許退對馬 沈遊戎 此月卄後賫
表來 不佞十五六先回 至王京時 再爲依
例添兵防守 全羅事 不佞數稟各衙門
矣 放心放心 餘不及一
戚金拜

【국역】

　편지를 쓰려니 한창 바빠서 저의 속마음을 다 말씀드리기 어렵습니다. 남쪽의 모든 ▨하고 저는 모두 김(金) 판서에게 봉하고 대하(臺下)¹⁷⁴⁾께 전하도록 하였습니다. 저희 군영의 병력은 이미 서울에서 철수하였지만 남아 있는 말[馬]들이 많으니, 공께서 수십 명을 보내 말 먹이는 것을 도와주십시오. 이는 매우 긴요한 일입니다. 평양에도 허다한 병폐가 있으니, 또한 몇 글자 적은 문서를 종에게 주어

---

172) [事] : 저본에는 누락되어 판독이 불가한 글자이지만 '事'로 추정된다.
173) [報] : 저본에는 누락되어 판독이 불가한 글자이지만 '報'로 추정된다.
174) 대하(臺下) : 상대방에게 존경의 뜻을 담아 높여 이르는 말이다. 대(臺)는 원래 주(周)나라에서 천자(天子) 다음 가는 높은 지위인 태사(太師)·태부(太傅)·태보(太保)의 삼공(三公)을 뜻하는 것이었다. 따라서 '대하'는 상대방을 삼공의 지위에 해당하는 귀인(貴人)이라는 뜻에서 부르게 되었다.

이(李) 관찰사에게 가지고 가 십 수 명을 보내 말을 먹이는 데 쓸 수 있도록 모두 헤아려 숫자대로 보내십시오.

  왜적들이 대마도에서 물러났고 심유융(沈遊戎)이 이달 20일 후에 표문(表文)을 가지고 오는 데 제가 15일이나 16일 정도 먼저 돌아가 서울에 갔을 때 거듭 전례에 비추어 병사를 더하여 방어하게 하겠습니다. 전라도의 일을 제가 여러 번 각 관아에 아뢰었으니 마음 놓고 계십시오. 나머지는 이만 줄입니다.

  척금(戚金)이 올립니다.

18. 이화룡(李化龍)의 편지

發兵之日
國王殿下宜齋告天地山川及
先王先公之神 又書下罪己之詔于邵縣
又當妥賢公卿側躬勵行凡貴邪有變政
舊興革者興革之以懲囘
天心以收復人心此今日戰勝之本也不知
國王与二三執政有此議否倘未有此奉乞
柳台輔移文卒行之未晩也何如

李遊擊化龍壽 丁酉十二月旁馳啓

【탈초】

發兵之日
國王殿下 當祭告天地山川及
先王先公之神 又當下罪己之詔于郡縣
又當與賢公卿 側躬勵行 凡貴邦有弊政
當興革者 興革之 以挽回
天心 以收復人心 此今日戰勝之本也 不知
國王與二三執政 有此議否 倘未有此舉 乞
柳台輔移文舉行之未晚也 何如
李遊擊化龍書 丁酉 十二月九日 馳啓

【국역】

　군사를 일으키던 날 국왕 전하께서 마땅히 천지(天地)와 산천(山川), 선왕(先王)과 선공(先公)의 신령께 제사를 올리고, 또 군현(郡縣)에 죄기조(罪己詔)[175]를 내리고, 또 마땅히 어진 공경(公卿)과 조심하고 공경하는 마음으로 힘써 실천해야 합니다.

　무릇 귀국(貴國)이 가진 부패한 정치 가운데 마땅히 개혁해야 할 것은 개혁해서 천심(天心)을 되돌리고 인심(人心)을 되찾아야 하니, 이것이 지금 전쟁에서 이기는 근본입니다. 국왕과 두세 명의 집권자는 이러한 의논이 있는지 모르겠습니다. 혹시 이런 거사가 없다면 유태보(柳台輔)[176]께서 문서를 보내 거행하게 하는 것도 늦지 않을 것이니 어떻습니까?

---

175) 죄기조(罪己詔) : 왕이 자신에게 잘못을 돌리는 조서(詔書)를 이른다.
176) 유태보(柳台輔) : 당시 영의정이었던 류성룡(柳成龍)을 이른다.

유격장군(遊擊將軍) 이화룡(李化龍)[177]은 정유년[1597] 12월 9일 치계(馳啓)[178]합니다.

---

177) 이화룡(李化龍, 1554~1611) : 명나라 장수로 자는 우전(于田)이고, 호는 임환(霖寰)이다.
178) 치계(馳啓) : 급히 서면으로 아뢰는 것을 이른다.

19. 아무개의 편지

久仰
尊顏未遑面覿心中日夜悵怏凡事所
尊切及奉
謁故未如願昨承擡來通事朴彭守此人
敢尊老成以得之用者也生不勝欣喜侯
讒之蒙
工司永彩經管粮米等項恐我國軍兵攙害倉
館恐負　上委生心日夜競踢往來此事人
小玆有小通事文慶男人亦雖小頗知世事
乞
明公亦准擬來此事公私兩全也尙容面陳不一
名其正東

【탈초】

久仰
尊顏 未遑面覿 心中日夜 悵悵怏怏 凡事所
奪 勿及奉
謁 故未如願 昨承撥來通事朴彭守 此人
敦厚老成 以得之用者也 生不勝欣喜 候
謝候謝 蒙
上司委托 經管粮米等項 恐我國軍兵擾害倉
舘 恐負上委 生心日夜兢踢 往來巡事人
小 玆有小通事文慶男 人亦雖小 頗知世事
乞
明公 亦准撥來巡事 公私兩全也 尙容面陳 不一
名具正柬

【국역】

　오랫동안 존안(尊顏)을 뵙고 싶었는데, 만날 겨를이 없어 마음속으로 밤낮 낙담하며 서운해하면서도, 일에 시간을 빼앗겨 저의 바람대로 찾아뵙지 못하였습니다. 어제 통역관 박팽수(朴彭守)가 왔는데 이 사람은 성실하고 소박하며 침착하여 쓸 만한 사람이었습니다. 그래서 저는 기쁨을 이기지 못하였습니다. 감사합니다.

　상사(上司)께서 맡겨서 부탁하신 군량을 관리하는 것은 우리나라 군병이 창고와 관사를 어지럽힐까 걱정입니다. 상사께서 맡겼던 것을 저버리지나 않을까 저는 마음속으로 밤낮 두렵습니다. 오가며 순찰하는 사람이 적은데, 이곳에 있는 소통사(小通事) 문경남(文慶男)은 사람이 비록 자잘하기는 하지만 세상일에 관하여 제법 잘 알고 있습니다.

바라건대 명공(明公)께서는 또한 와서 순찰하도록 허락하여 공사가 모두 온전하게 하십시오. 만나서 말씀드리기로 하고 이만 줄입니다.

이름은 정간(正柬)에 썼습니다.

20. 척금(戚金)의 편지

承
映晤舜激世涯於人氣供名執龍于心以不忘松萼
吉諡難邦陪聖交言翁一楊條俱光望芳生以
倘仰唯
心氣高此危無不發壅
公左念弖嶜〜

侍生 戚金 拜

【탈초】

承

腆貺 感激無涯 然人衆供應繁難 于心似不安也 第

高誼難却 除登受扇一柄 餘俱完璧 草此以

謝 仰唯

心亮 而此后再不敢厪

公在念 至囑至囑

侍生 戚金拜

【국역】

　넉넉히 물건을 보내 주시니 감격스러움이 끝이 없습니다. 그러나 사람이 많아 공급하기가 복잡하고 어려워 마음이 편치 않을 듯합니다. 다만 깊은 정의를 물리치기 어려워 부채 한 자루만 받고 나머지는 모두 돌려드립니다.

　서둘러 쓰고 사례를 드리니 마음으로 헤아려 주시기 바랍니다. 후에 다시는 공께서 저를 염려하지 마시기를 간곡히 당부드립니다.

　시생(侍生) 척금(戚金)이 올립니다.

21. 정덕(鄭德)의 편지

昨者奉別不得面領心甚謙ᐧᐧ
特古書二十八本卷第一隻未
知攷否 今有本將親姪屍骨葬
在沈宗諫囤內被他主咬敎倅房如才
將屍故悲我屋尾石搬去砌炕切思爲
國亡軀屍骨不得歸葬情實可傷

侍生鄭德頓首拜

舟有委郎侍郎沈宗誼主唆藏匿情
法難容伏乞
大人追究生死感恩難忘為此連犯
送府速追骸骨還朝頂恩感戴激切
屏營之至

問
安

侍教生鄭德拜

【탈초】

侍生 鄭德 頓首拜

昨者奉別 不得面領 心甚謙謙

特▨古書二十八本卷箱一隻 未

知收否 今有本將親姪屍骨 葬

在沈宗謙園內 被他主唆教住房奴才

將屍故意藏匿瓦石 搬去砌炕 切思爲

國亡軀 屍骨不得歸葬 情實可傷

再有兵部侍郎沈宗謙主唆藏匿 情

法難容 伏乞

大人追究 生死感恩難忘 爲此連犯

送府 速追骸骨還朝 頂恩感戴 激切

屛容之至

問

安

侍敎生 鄭德 拜

【국역】

　시생(侍生) 정덕(鄭德)은 머리 조아리고 편지를 올립니다.

　지난번 헤어지고 만나지 못해 마음이 매우 서운하였습니다. 특별히 고서 28권을 상자 하나에 담아 보냈는데 받으셨는지요? 지금 본장군(本將軍)의 친조카 유해(遺骸)를 심종겸(沈宗謙)의 원내(園內)에 장례를 치르게 되었습니다. 그런데 그의 주인의 사주를 받은 주방(住房) 종놈[179]이 시신을 고의로 기와와 돌로 덮어 숨기고 섬돌과

---

179) 종놈 : 원문은 '奴才'. 남을 낮추어 욕하는 말이다.

구들로 옮기기도 하였습니다.

  간절히 생각건대 나라를 위해 죽은 몸인데, 시신이 고향으로 돌아가 장례도 치르지 못하니 실정이 가슴이 아픕니다. 다시 병부시랑(兵部侍郞) 심종겸이 이 일을 주관하고 사주하여 시체를 숨겼으니 인정과 법에 용서하기 어렵습니다. 바라건대 대인께서는 추궁하여 주시면 저승에서나 이승에서나 감읍하여 은혜 잊지 못하겠습니다. 그런 까닭에 죄에 연루된 사람들을 부(府)에 보내고 속히 시신이 조정으로 돌아오게 하십시오. 은혜를 입어 감사하고 감격하여 몸 둘 바를 모르겠습니다.

  문안을 여쭙니다.

  시교생 정덕(鄭德)은 올립니다.

22. 낙상지(駱尙志)의 편지

夜來兵扑辛守牛人役谷宋謹慎致燒章舍
各兵綿衣亦棄些須進兵之際遭此不震於心
叮安已悸不誰員役軍法治之外今各砲車
牛畜或多少乞即麥官查蒸甚幸昨
賜腰刀小兒云乃別官長出入自佩之罷故不敢當

乃奉
璧今仍擲先與者其物雖微足見
元老高情雅況無加矣統俟回日面
謝不暨

侍生駱尚志拜

【탈초】
夜來兵[校]¹⁸⁰⁾竝守牛人役 各不謹愼 致燒草舍
各兵綿衣亦棄 ▨須進兵之際 遭此不虞 於心
何安 已將不謹員役 軍法治之 外今各砲車
牛畜或多少 乞卽差官査發甚幸 昨
賜腰刀 小兒云 乃別官長出入自佩之器 故不敢當
乃奉
璧 今仍擲先與者 其物雖微 足見
元老高情 雅況無加矣 統俟回日面
謝 不曁
駱參將
侍生 駱尙志 拜

【국역】
　밤에 병교(兵校)와 소를 지키는 사람이 와서 신중치 못해 초가집을 불태우고 각 병사의 솜옷도 버리게 되었습니다. 모름지기 출병할 때 생각지도 못한 이런 일을 만났으니, 마음이 어찌 편안하겠습니까? 이에 신중하지 못한 일꾼은 군법으로 다스리려고 합니다. 이 밖에 지금 각 포차(砲車)의 소가 얼마나 되는지 관원을 파견하여 조사하여 보내 주실 것을 간절히 바랍니다.
　지난번 요도(腰刀)¹⁸¹⁾를 주셨는데 어린아이들이 "이것은 별관장(別官長)이 출입할 때 허리에 차는 물건이니 감당할 수가 없습니다."라고 하여 이렇게 곧바로 돌려드립니다. 지금 가지고 있는, 지난

---

180) [校] : 저본에는 누락되어 판독이 불가한 글자이지만 '校'로 추정된다.
181) 요도(腰刀) : 군복에 갖추어 허리에 차는 군도(軍刀)를 이른다.

번 주신 것은 물건이 비록 얼마 되지는 않지만 원로(元老)의 깊으신 정을 보기에 충분하여 고아한 근황이 이보다 더할 나위 없습니다. 나머지 모든 사연들은 돌아오시는 날 만나서 사례하기로 하고 이만 줄입니다.

  낙참장(駱參將).

  시생 낙상지(駱尙志)는 올립니다.

23. 사융(謝隆)의 편지

上部石爺壹本

貴同督兵宣慰今

經畧宋爺統領南北兵士數萬進

發俀國救援不可外泄但一應軍

器幷行伍俱當齊備生恐臨時

有悞先遣能事人役傳知督教

公可照生行來器樣如法打造庶

便應散外有闊刀樣一紙生向聞
貴國好鐵并好匠後乞照樣即造一
伴付來人得便臨陣應用此
公等恩賜之也容即日進安州面
謝不既

　　名具止幅

　　　左坤

謝陰

【탈초】

▨蒙

兵部石爺差來

貴國督兵宣慰 今

經略宋爺 統領南北兵士數萬 進

發彼國救援 不可外泄 但一應軍

器竝行伍 俱當齊備 生恐臨時

有悞 先差能事人役 傳知督敎

公可照 生行來器樣 如法打造 庶

便應敵 外有關刀樣一紙 生向聞

貴國好鐵竝好匠役 乞照樣卽造一

件 付來人 得便臨陣應用 此

公等恩賜之也 容卽日進安州面

謝 不旣

名具正幅

左冲

謝隆

【국역】

　　병부상서(兵部尙書) 석야(石爺)[182]가 사신[183]으로 와서 귀국(貴國)의 병사들을 독려하여 임금의 위문을 받았습니다. 지금 경략(經略) 송야(宋爺)[184]가 남북의 병사 수만을 거느리고 그대 나라를 구

---

182) 석야(石爺) : 명나라 문신인 석성(石星, ?~1597)을 이른다. 임진왜란 때 신점(申點)의 간청으로 원군을 조선에 파병하였고, 심유경(沈惟敬)과 화의를 적극 지지했다가 화의의 실패로 체포되어 옥사하였다.
183) 사신 : 원문은 '差來'. 명을 받들고 온 '차래사신(差來使臣)'을 이른다.

원하러 출발하였으니, 말이 밖으로 새어 나가도록 해서는 안 됩니다. 다만 일체의 군기(軍器)와 항오(行伍)[185]는 모두 구비해야 할 것입니다.

저는 때가 되어 착오가 있을까 두려우니, 먼저 일에 능한 사람을 보내 독려하여 알리신 말씀을 전달해서 알려야 한다는 것은 공께서도 아실 것입니다. 저는 행차가 와서 무기의 양식을 군법대로 만든다면 적에 대응하기에 편할 것입니다. 그 밖에 관도(關刀)[186]의 양식 한 장이 있습니다.

저는 지난번 귀국에 좋은 쇠와 훌륭한 장인이 있다는 말을 들었는데, 양식에 따라 곧바로 한 건을 만들어 온 사람에게 부쳐주신다면 전쟁에서 응용하기에 편리할 듯합니다. 이는 공들이 은혜를 베푸는 것입니다. 혹시라도 오늘 안주(安州)[187]에 가면 뵙고 사례 드리겠습니다. 이만 줄입니다.

이름은 정폭(正幅)에 적었습니다.

좌충(左沖).

사융(謝隆)[188]

---

184) 송야(宋爺) : 송응창(宋應昌, 1536~1606)을 이른다. 자는 사문(思文)·시양(時祥)이고, 호는 동강(桐岡)이다.
185) 항오(行伍) : 군대 편제의 하나로, 원래는 군사 5명을 '오(伍)', 25명을 '항(行)'의 뜻이었지만, 전의되어 군대를 이르는 말로 쓰인다.
186) 관도(關刀) : 자루가 긴 칼의 일종이다.
187) 안주(安州) : 평안남도에 있는 고을 이름이다.
188) 사융(謝隆, ?~?) : 명나라 사람으로, 어떠한 사람인지는 자세하지 않다. 다만 《조선왕조실록》 선조(宣祖) 29년 조에, "일찍이 거짓말로 상사를 겁준 자이다. [嘗以訛言 恐動上使者]"라고 하였다. 원본의 아래에 다른 필체로 '謝隆'이라고 쓰인 것으로 보아 뒤에 편지를 분류하기 위해 가필한 것으로 보인다.

24. 아무개의 편지

昨承

賜通 吏生 感到艽艮 客褱~~ 抆~~也生

曰

賁治被僞奴騷擾已甚訓絃館站乃自

領其粮食去此間前盡无甚又無賀焉

之所適生通 吏無粮 焉可前步乞賜通

事快騾一疋 口粮一分 方可造 了遂聞

國王歆迚都生搗其大撘謠不可迚此

果有此擧則人民離散而目前有戰
爭非惟囯威抑且戎兵開之必非大
計豈囯不在其信不謀夏政但
父子俱來本囯不得不告況
明公乃一相囯當盡心諫主坐鎭王京則
倭奴聞之不久必自退矣否則賊勢
益甚此係囯家大凶生實不當冐
言伏惟察之不盡耶言
君劉具

【탈초】

昨承

賜通事 生感刻無垠 容緩緩擇之也 生
因
貴治被倭奴騷擾已甚 所經館站 乃自
貿易粮食 至此聞前途尤甚 又無貿易
之所 隨生通事無粮 焉可前步 乞賜通
事 快騎一疋 口粮一分 方可隨行 邇聞
國王欲遷都 生揣其大勢 端不可遷 如
果有此擧 則人民離散 而國威有歉
矣 非惟喪國威 抑且戎兵聞之 恐非大
計 生固不在其位 不謀其政 但生
父子俱來本國 不得不告 况
明公乃一相國 當盡心諫主 坐鎭王京 則
倭奴聞之 不久亦自遁矣 否則賊勢
益甚 此係國家大事 生實不當冒
言 伏惟察之 不盡所言 名別具

【국역】

　어제 통역관을 보내 주시어 감사히 잊지 못하는 제 마음 끝이 없으니 마땅히 천천히 그를 선택하겠습니다. 저는 귀치(貴治)[189]가 왜적들의 침입을 받아 소란이 너무 심하여 지나는 역참에서 스스로 양식을 바꾸었는데, 이곳에 도착해서 들으니 앞길은 더욱 심해서 양식을 바꿀 곳도 없다고 합니다. 또 저를 따르는 통역관은 양식이 없으

---

189) 귀치(貴治) : 상대방의 관할구역을 높여 이르는 말이다.

니 어떻게 앞을 나아갈 수 있겠습니까? 통역관에게 빠른 말 한 필과 구량(口粮)[190] 식량 1분(分)[191]을 주시면 수행할 수 있을 것입니다.

근래에 국왕이 천도(遷都)하려고 한다는 말을 들었습니다. 제가 대세를 헤아려보니 끝내 옮겨서는 안 됩니다. 만일 이러한 거동이 있다면 백성들은 뿔뿔이 흩어지고 나라의 위엄에 유감이 있을 것입니다. 나라의 위엄을 잃을 뿐만이 아니라 군사들이 이 일을 듣고 중대한 계획을 망칠까 두렵습니다.

저는 본래 그 지위에 있지 않아 그 정치를 꾀할 수는 없지만[192] 다만 저는 부자(父子)가 함께 본국에 왔으니 고하지 않을 수 없습니다. 더구나 명공(明公)께서는 바로 재상으로 마땅히 마음을 다하여 임금께 간하여야 할 것입니다. 만약 서울에서 좌진(坐鎭)[193]한다면 왜적이 그 소식을 듣고 오래지 않아 또한 스스로 달아날 것입니다. 그렇지 않으면 적의 위세가 더욱 심할 것이니 이는 국가 대사에 관계되는 것이니, 제가 실로 부당함을 무릅쓰고 말씀드리지 않겠습니까?

살펴 주시기 바라며 드리고 싶은 말을 다 하지 않고 이만 줄입니다. 이름을 별지에 적었습니다.

---

190) 구량(口粮) : 식구의 수에 따라 내어 주는 양식을 이른다.
191) 1분(分) : 10분의 1 정도의 양이나, 전체 중 일부분을 이른다.
192) 그 지위에 …… 없지만 : 《논어(論語)》〈태백(泰伯)〉에, 공자가 말씀하기를 "그 지위에 있지 않으면 그 정사를 도모하지 않는다.[不在其位 不謀其政]"라는 구절이 있다.
193) 좌진(坐鎭) : 가만히 앉아서 덕화(德化)와 위엄으로 사람들을 진정시키는 것을 이른다.

25. 아무개의 편지

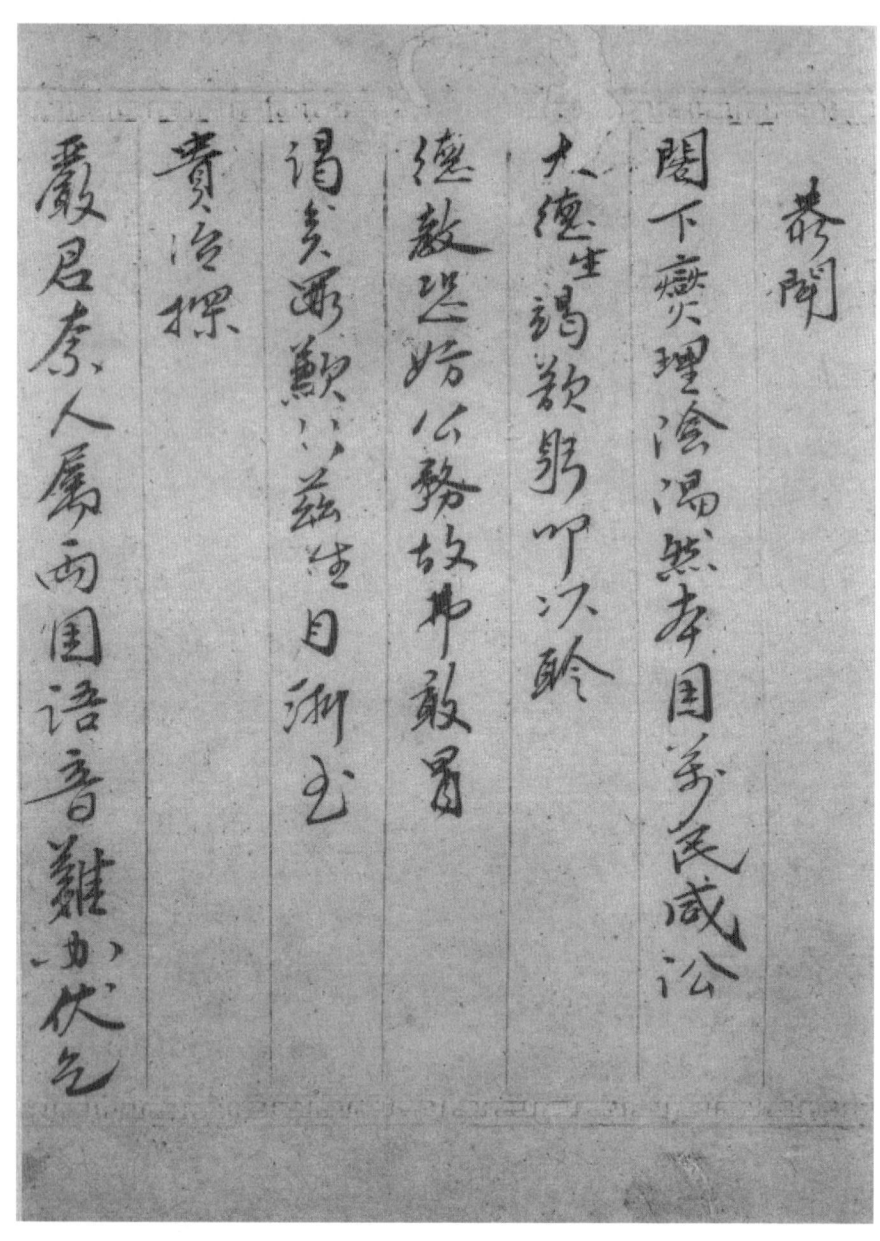

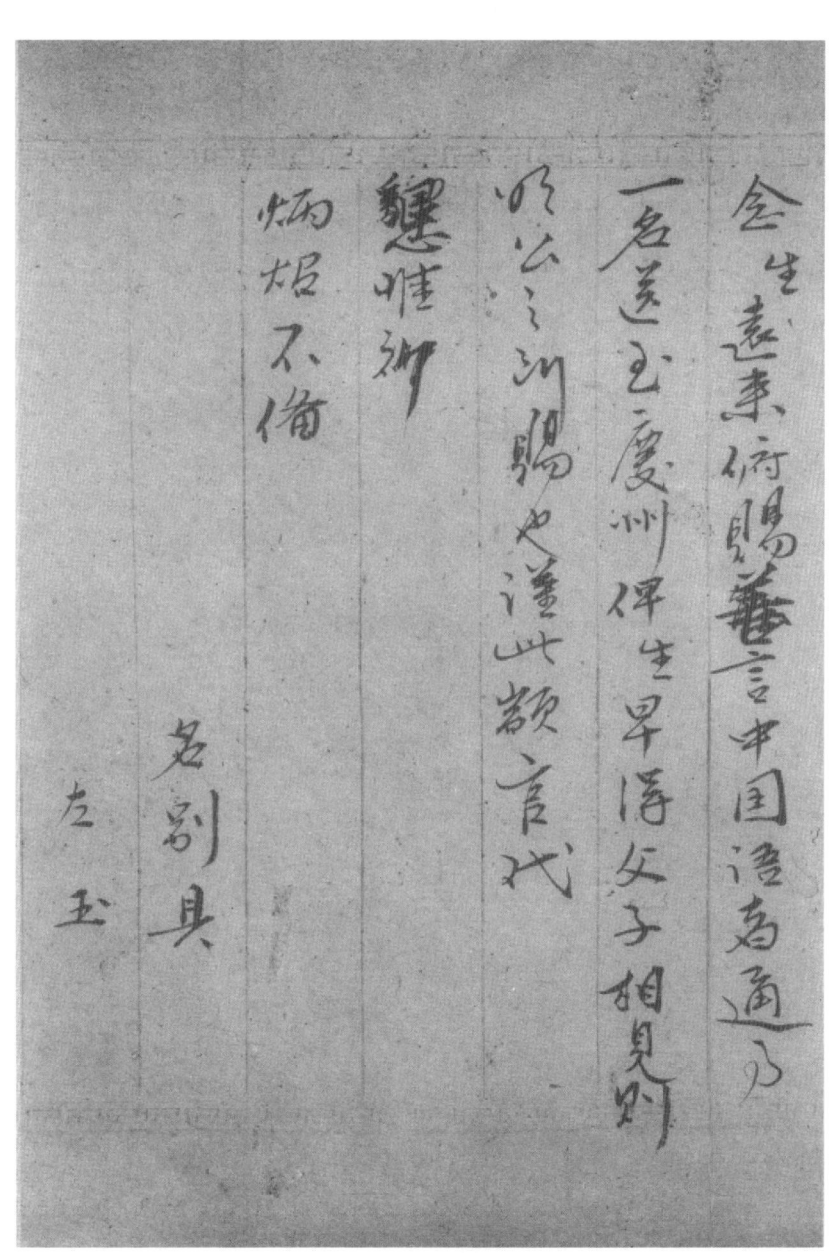

【탈초】

恭聞

閣下 燮理陰陽 然本國萬民 咸訟

大德 生竭欲躬叩 以聆

德敎 恐妨公務 故弗敢冒

謁矣 罪歎罪歎 玆生自浙至

貴治 探

嚴君 奈人屬兩國 語音難辨 伏乞

念生遠來 俯賜善言中國語者通事

一名 送至慶州 俾生早得父子相見 則

明公之所賜也 謹此頹官代

懇 惟祈

炳炤 不備

名別具

左玉

【국역】

　삼가 각하께서는 음양(陰陽)을 잘 다스려[194] 본국의 만백성이 모두 큰 덕을 칭송한다고 들었습니다. 저는 힘을 다해 몸소 물어 가르침을 듣고 싶지만 공무에 방해될까 두려워 감히 무릅쓰고 찾아뵙지 못하고 있으니 죄송합니다. 저는 절강(浙江)에서 귀치(貴治)에 이르

---

194) 음양(陰陽)을 잘 다스려 : 원문은 '燮理陰陽'. 음양의 변화 등 정(正)과 반(反)의 양 측면을 조화롭게 하여 나라를 다스리는 것을 말하는데, 보통 재상의 직무를 비유할 때 쓰는 표현이다. 《서경(詩經)》〈주관(周官)〉에, 태사(太師)·태부(太傅)·태보(太保) 등 삼공(三公)을 세워 "도를 논하고 나라를 경륜하며 음양을 섭리하게 한다.[論道經邦 燮理陰陽]"라는 구절에서 유래하였다.

기까지 엄군(嚴君)을 찾았지만 어찌 사람을 두 나라에 소속시켜 말조차 분간하기 어렵게 하는지요?

삼가 제가 멀리서 온 것을 염려하여 중국말을 잘하는 통역관 한 사람을 경주(慶州)로 보내, 일찍이 저의 부자(父子)가 만날 수 있게 하신다면 이는 명공(明公)의 은혜일 것입니다.

삼가 이에 전관(顓官)[195]을 보내 대신 간청하오니 밝게 살펴 주십시오. 이만 줄입니다.

이름은 별지에 적었습니다.

좌옥(左玉)[196]

---

195) 전관(顓官) : '顓'은 '專'과 같은 뜻으로, 오로지 그 일만 맡은 벼슬아치를 이른다.
196) 좌옥(左玉) : 2번 편지의 주석에서 말한 '좌충(左沖)'과 비슷한 의미로 추정된다.

26. 아무개의 차부(箚付)

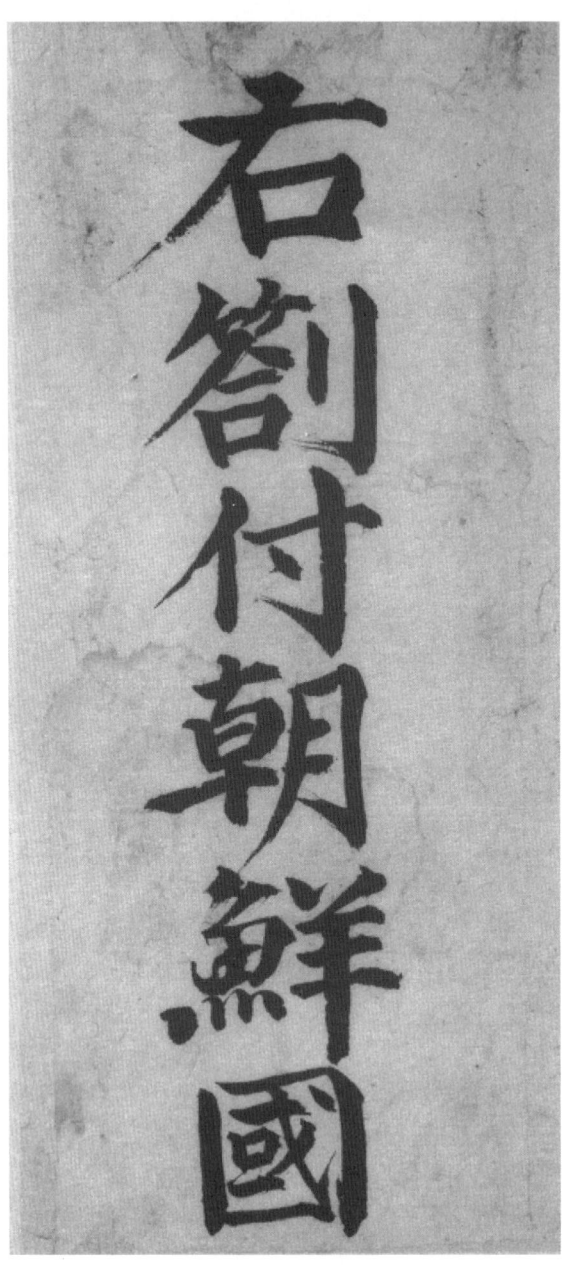

당장서첩(唐將書帖) 곤(坤) 209

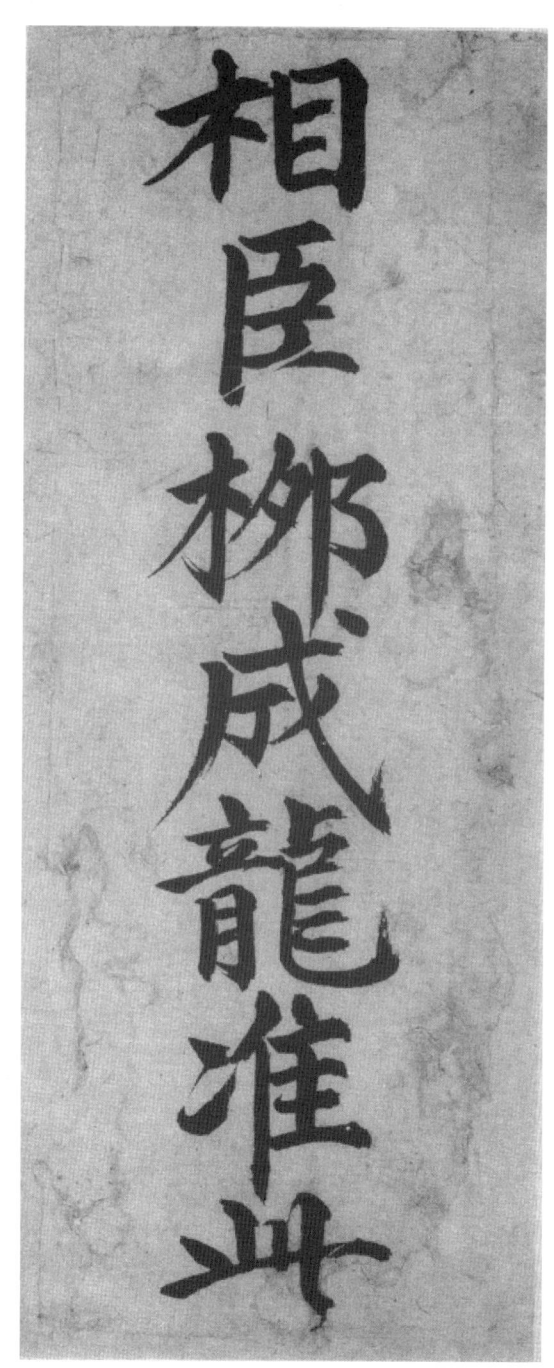

【탈초】
右箚付朝鮮國
相臣柳成龍 准此

【국역】
　이처럼 조선국 상신(相臣) 류성룡(柳成龍)에게 차부(箚付)[197]하니 이를 받들어 준행하라.

---

197) 차부(箚付) : 상급 관아에서 하급 관아로 보내는 공문서를 이르는 말로, '차문(箚文)'이라고도 한다.

당장시화첩
(唐將詩畫帖)

이여송(李如松)의 그림과 시

提兵星夜渡江干　군사를 이끌고 밤새 압록강을 건넌 것은
爲說三韓國未安　삼한이 편안치 못해서라네.
明主日懸旌節報　밝으신 임금께서는 날마다 전선의 소식 기다리는데
微臣夜釋酒杯歡　미약한 신하는 밤새 술잔을 즐기네.
春來斗氣心逾壯　봄이 왔지만 투기심은 더욱 장쾌하니
此去妖氛骨已寒　이번에 요귀들 뼛속까지 서늘하리.
談笑敢云非勝算　감히 승산이 없다고 말하겠는가?
夢中常憶跨征鞍　꿈에서도 언제나 말을 타고 출정하네.

　　　春日 仰城 松　　봄날 앙성(仰城) 이여송(李如松)[198]

---

198) 앙성(仰成) 이여송(李如松, 1549~1598) : '앙성'은 이여송의 호이다. 그는 명나라 말기의 장수로 임진왜란 때 파견된 명나라 장군의 한사람으로 요동(遼東) 철령위(鐵嶺衛) 출생이다. 조선계이며 본관은 성주 이씨라고 전한다. 후일에 농서 이씨(隴西李氏)의 시조가 되었다.

서애 류성룡 연보

연도	내용
1545년(중종 37년) 4세	10월 1일 경상도 의성현 사촌리 외가에서 황해도 관찰사를 지낸 아버지 류중영(柳仲郢)과 안동 김씨 김소강(金小姜) 사이에서 출생하였다. 본관은 풍산(豊山)이고 자는 이현(而見)이며, 호는 서애(西厓)이다.
1545년(인종 1년) 4세	글을 읽기 시작하였다.
1547년(명종 2년) 6세	《대학(大學)》을 배웠다.
1549년(명종 4년) 8세	《맹자(孟子)》를 읽었다.
1554년(명종 9년) 13세	동학(東學)에서 《중용(中庸)》과 《대학(大學)》을 강독하였다.
1555년(명종 10년) 14세	향시에 합격하였다.
1558년(명종 13년) 17세	부인 전주 이씨(李氏)를 맞이하였다.
1560년(명종 15년) 19세	10월 관악산 암자에 들어가 《맹자(孟子)》를 공부하였다.
1561년(명종 16년) 20세	고향 하회에 돌아와 《춘추(春秋)》를 읽었다.
1562년(명종 17년) 21세	9월 도산(陶山)으로 퇴계선생을 찾아뵙고 수 개월간 머무르면서 《근사록(近思錄)》 등을 수업하였다.
1563년(명종 18년) 22세	가을에 진사생원(進仕生員) 동당초시(東堂初試)에 합격하였다.
1564년(명종 19년) 23세	7월 생원회시(生員會試)에 1등, 진사에 3등으로 합격하였다
1565년(명종 20년) 24세	태학(太學)에 들어가 수학하였다.
1566년(명종 21년) 25세	10월 별시문과(文科)에 병과로 급제, 승문원 권지부정자에 임명되었다.
1567년(명종 22년) 26세	4월에 예문관검열로 춘추관기사관을 겸직하였다.
1569년(선조 2년) 28세	성균관전적(成均館典籍)을 거쳐 공조좌랑(工曹佐郎)에 임명, 감찰로서 성절사(聖節使)의 서장관(書狀官)으로 명나라에 다녀왔다.
1571년(선조 4년) 30세	3월에 병조좌랑(兵曹佐郎)이 되었다.
1573년(선조 6년) 32세	2월에 이조좌랑에 임명되었다.

연도	내용
1579년(선조 12년) 38세	직제학, 동부승지, 지제교로 경연참찬관, 춘추관수찬을 겸직하였다.
1580년(선조 13년) 39세	이조참의를 거쳐 특명으로 상주목사에 임명되었다.
1581년(선조 14년) 40세	1월에 홍문관 부제학에 임명되었다.
1582년(선조 15년) 41세	대사간, 우부승지, 도승지를 거쳐 대사헌으로 승진하였다.
1583년(선조 16년) 42세	1월에 홍문관 부제학에 재임명되었다.
1585년(선조 18년) 44세	3월에 왕명으로 정충록(精忠錄) 발문(跋文)을 지어 올렸다.
1587년(선조 20년) 46세	퇴계선생의 문집을 편차(編次)하였다.
1588년(선조 21년) 47세	양관대제학, 10월에 형조판서에 임명되었다.
1589년(선조 22년) 48세	봄에 사헌부 대사헌, 병조판서, 지중추부사에 역임되었다.
1590년(선조 23년) 49세	5월 29일 대광보국숭록대부 의정부 우의정(右議政)에 임명되었다.
1591년(선조 24년) 50세	7월에 홍문관 대제학을 겸직하였다.
1592년(선조 25년) 51세	4월 왜군이 부산 침입. 이를 대비하여 조치하였다.
1593년(선조 26년) 52세	1월에 평양성을 탈환하였다. 10월에 왕이 서울로 환도하고 훈련도감(訓鍊都監)을 설치하였다.
1594년(선조 27년) 53세	충주를 중심으로 한강 상류의 방어를 튼튼히 하고 조령에 관문과 둔전(屯田)을 마련할 것을 건의하였다.
1595년(선조 28년) 54세	경기, 황해, 평안, 함경의 4개 도의 도체찰사에 임명되었다.
1596년(선조 29년) 55세	군사를 훈련시키는 규칙을 정하여 각 도에 내려 보냈다.
1597년(선조 30년) 56세	2월에 다섯 차례 사직원을 올렸으나 윤허하지 않았다.
1598년(선조 31년) 57세	11월 19일 명나라 경략(經略) 정응태의 무고사건으로 파직되었다.
1604년(선조 37년) 63세	3월에 호성공신(扈聖功臣) 2등으로 다시 풍원부원군에 봉해졌다.
1605년(선조 38년) 64세	1월에 〈지행설(知行說)〉을 지었다.

1606년(선조 39년) 65세		3월에 서미동에 초당 농환재(弄丸齋)를 마련하였다.
1607년(선조 40년) 66세		농환재(弄丸齋)에서 세상을 떠났다.
1614년(광해 6년)		병산서원에 위판(位版)을 봉안하고 석채례(釋菜禮)를 행하였다.
1620년(광해 12년)		여강서원의 퇴계선생 사당에 배향(配享)되었다.
1627년(인조 5년)		남계서원에 봉안되었다.
1629년(인조 7년)		문충공(文忠公)으로 시호(諡號)가 내려졌다.

서애 류성룡 편지

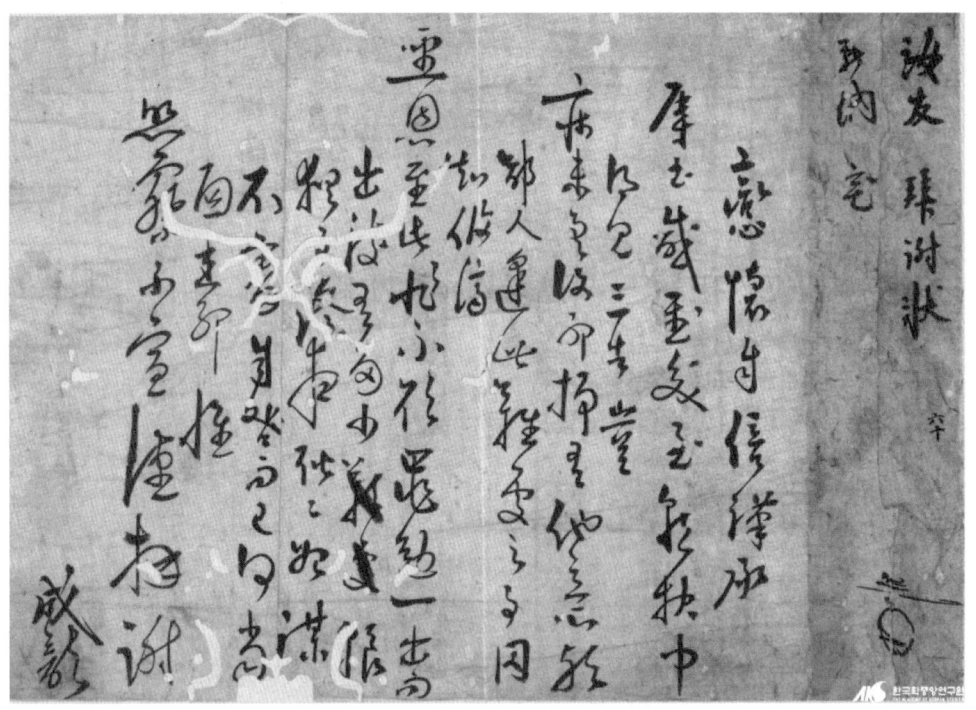

〈류성룡 편지〉,《근묵(槿墨)》, 초서, 22.2×33cm, 성균관대학교박물관. 여우(汝友) 배삼익(裵三益)에게 보낸 답장.

옮긴이

박상수(朴相水)는 민족문화추진회(현 한국고전번역원), 국사편찬위원회, 온지서당, 중국 어언문화대학교 등에서 한문과 고문서, 초서와 중국어를 공부했고, 단국대학교 한문학 박사 과정을 수료했다. 단국대학교 동양학연구소 전문위원, 단국대학교 강사, 한국한문학회 출판이사 등을 역임했으며, 지금은 전통문화연구회, 고전번역연구소, 국사편찬위원회, 구초회에서 한문 번역과 탈초·강의를 하고 있다.

번역서와 탈초 자료로,《간찰簡札 선비의 일상》,《고시문집古詩文集》,《구소수간歐蘇手簡》,《다천유고茶泉遺稿》,《동국명현유묵東國名賢遺墨》,《동작금석문집銅雀金石文集》,《미국 와이즈만 미술관 한국 문화재 도록》,《방산유고芳山遺稿》,《붓 끝에 담긴 향기香氣》,《사문수간師門手簡》,《사상세고沙上世稿》,《서포일기西浦日記》,《습재집習齋集》,《신식新式 비문척독備門尺牘》,《아언각비雅言覺非》,《오가보첩吾家寶帖》,《왕양명 집안 편지》,《율곡 친필 격몽요결》,《조선말 사대부 27인의 편지, 우경 안정구 선생 간찰집》,《주자, 스승 이통과 학문을 논하다》,《중국의 음식 디미방》,《초간독草簡牘》,《퇴계 편지 백 편》,《한문독해첩경-문학편》,《한문독해첩경-사학편》,《한문독해첩경-철학편》,《항전척독杭傳尺牘》,《허균척독許筠尺牘》외 다수

■ 류성룡, 전란(戰亂)을 헤치며
당장서첩(唐將書帖)·당장시화첩(唐將詩畫帖)

초 판 인쇄 2023년 11월 14일
초 판 발행 2023년 11월 23일

편　　　　　서애 류성룡
탈초국역 박 상 수
발 행 인 심 상 박
발 행 처 도서출판「내를 건너서 숲으로」

주　　　소 (22355) 인천광역시 중구 미단소망로 48 202호
전　　　화 (032) 751-1992
팩　　　스 (032) 751-1993
e - m a i l rillforest@naver.com
홈페이지 www.rillforest.com
등　　　록 2019년 5월 27일, 제2019-000013호

ISBN 979-11-968857-6-2　　　값 17,000원

잘못 만들어진 책은 구입한 곳에서 교환해드립니다. 이 책은 저작권법에 의하여 보호받는 저작물입니다. 무단 전재와 무단 복제 행위를 금합니다.